Arno Strobel

SPY – L.A. Action

AF178208

**Von Arno Strobel sind im
Loewe Verlag bisher erschienen:**

Abgründig
Schlusstakt
SPY – Highspeed London
SPY – Hotspot Kinshasa
SPY – Operation Himalaja
SPY – L.A. Action

ARNO STROBEL · NINA SCHEWELING

SPY
L.A. ACTION

BAND 4

978-3-7432-0971-8
1. Auflage 2021
© 2021 Loewe Verlag GmbH, Bindlach
Dieses Werk wurde vermittelt durch die Literarische Agentur Thomas Schlück GmbH,
30161 Hannover
Umschlagfotos: © Boiarkina Marina, shutterstock.com; ©J Dennis shutterstock.com
Umschlaggestaltung: Michael Dietrich
Printed in Germany

www.loewe-verlag.de

PROLOG

Die Frau blieb im Türbereich stehen und ließ den Blick durch den überfüllten Wagen der U-Bahn wandern. Selbst von seinem Platz drei Sitzreihen hinter dem Einstieg konnte er den verzweifelten Ausdruck in ihrem von tiefen Falten durchzogenen Gesicht erkennen. Sie mochte um die achtzig sein. Vielleicht auch älter. In seinem Alter konnte man Menschen ihrer Generation schlecht schätzen.

Sie stand leicht nach vorne gebeugt und hatte die Hände auf den Plastikgriff ihres rot karierten Einkaufstrolleys gelegt. Als die Türen sich mit einem schmatzenden Geräusch hinter ihr schlossen, hob sie eine Hand und hielt sich krampfhaft an einer der Haltestangen fest, die vom Boden des Waggons bis zum Dach reichten. Gerade noch rechtzeitig, um den Ruck abfangen zu können, mit dem die U-Bahn sich in Bewegung setzte.

Er musste nicht lange darüber nachdenken, was zu tun war. »Halten Sie bitte mal kurz frei?«, fragte er den ebenfalls schon recht betagten Mann, der neben ihm am Fenster saß, und erhob sich, noch bevor der reagieren konnte. Vor der Frau blieb er stehen und deutete auf den Platz, auf dem er gerade noch gesessen hatte. »Da vorne ist frei. Bitte, setzen Sie sich doch.«

Nach einem kurzen Blick hinüber lächelte sie ihn dankbar an.
»Das ist aber sehr nett von dir, mein Junge. Danke schön.«
Und während sie den Trolley umständlich vor sich herschob,
fügte sie hinzu: *»So etwas erlebt man heute ja nicht mehr so*
oft.«

Er nickte seinem ehemaligen Sitznachbarn zu, der ihm lä-
chelnd einen erhobenen Daumen entgegenreckte, und dachte
belustigt, dass er wohl gerade ein analoges *»Gefällt mir«* *er-*
halten hatte.

Noch zwei Stationen bis zur Friedrichstraße. Dort war er
mit Alex, einem Klassenkameraden, im Starbucks verabredet.
Das hatten sie in letzter Zeit schon öfter gemacht.

Treffen in einem Café ... Beim Gedanken daran kam er sich
plötzlich schon sehr erwachsen vor.

Während die Bahn durch den Tunnel ratterte, betrachtete er
die Menschen um ihn herum. Das tat er ausgesprochen gerne,
seit er festgestellt hatte, dass die Leute die verrücktesten und
manchmal auch die peinlichsten Dinge taten, wenn sie sich
unbeobachtet fühlten. Seltsamerweise fühlten offenbar die
meisten sich tatsächlich unbeobachtet, wenn sie gedankenver-
loren in einem Auto oder in einer überfüllten U-Bahn saßen.
Ausgerechnet dort, wo man quasi wie auf einem Präsentier-
teller saß. Witzig.

Wenig später kam die Bahn mit quietschenden Bremsen
zum Stehen, die Tür vor ihm öffnete sich. Friedrichstraße.
Seine Station.

Er hatte den Wagen gerade verlassen, als sein Smartphone
klingelte. Er blieb stehen, fischte das Gerät aus der Tasche sei-

ner Jeans und wunderte sich kurz, dass die Nummer unterdrückt war, dann nahm er das Gespräch an.

Zwei Sekunden später versteinerte sein Gesicht. Die Hand, die das Smartphone hielt, öffnete sich, woraufhin das Telefon zu Boden fiel. Ohne sich darum zu kümmern, wandte er sich ab und ging mit seltsam mechanisch wirkenden Bewegungen los. Er sah weder das überraschte Gesicht der jungen Frau neben sich, noch bemerkte er den Mann, der einige Meter hinter ihm stand und ihn nicht aus den Augen ließ. Es hätte ihn auch nicht interessiert. Es gab nichts mehr, was ihn interessierte. Er hatte aufgehört zu denken.

»So lasse ich mir den Dienst gefallen.« Carol verteilte die Sonnenmilch auf ihrem Bauch und ließ ihren Blick über die anderen Gäste wandern, die sich wie sie auf bequemen Liegen rund um den Hotelpool rekelten.

»Allerdings«, pflichtete Nick ihr bei und griff nach dem Glas Orangensaft, dessen Außenseite beschlagen war. »Ein Hotel mitten in L.A., in dem man nach Strich und Faden verwöhnt wird, und ab morgen am Set eines Hollywoodfilms. Ich finde, das haben wir uns verdient.«

»Solltet ihr euch jetzt nicht eigentlich mit den Unterlagen für euren bevorstehenden Einsatz als Berater beschäftigen, statt hier in der Sonne zu liegen und euch auf Staatskosten einen lauen Tag zu machen?«

Nick verdrehte die Augen. »Lieber Bruno, um Filmleuten ein paar Tipps zu geben, müssen wir uns nicht groß vorbereiten, so was machen wir doch mit links.«

Carol, Petra und Paula lächelten. Sie wussten, dass Nick wieder einmal einen Dialog mit seinem CBPI führte, dem *Computer Based Personal Interface*, wie das dünne Armband bezeichnet wurde, in dem sich ein hoch entwickelter Computer befand.

»Aber es war eine klare Anordnung von Direktor Faber«, beharrte Bruno.

»Na und?«

Für eine Weile herrschte Ruhe, und Nick glaubte schon, Bruno hätte es aufgegeben, als sich wieder die Stimme aus dem winzigen Lautsprecher meldete, der hinter seinem Ohr unter die Kopfhaut implantiert war.

»Nick?«

»Was ist denn jetzt noch?«

»Darf ich dir eine Frage stellen?«

»Seit wann fragst du vorher?«

»Deine Gegenfrage beantwortet meine Frage nicht.«

»Also los«, entgegnete Nick genervt. »Frag schon.«

»Warum hältst du dich eigentlich nie an Anweisungen?«

»Weil manche dieser Anweisungen einfach unnötige Spaßbremsen sind.«

»Du weißt aber schon, dass ich dazu programmiert wurde, dich auf Fehlverhalten hinzuweisen.«

Nick grinste vor sich hin. »Japp.«

»Wenn ich jetzt aber tue, wofür ich programmiert wurde, und dich darauf hinweise, dass du dich hier nicht aufhalten solltest ...«

»Halt die Klappe, sonst lass ich dich verschrotten.«

» ... wirst du mich wieder beschimpfen.« Und nach einer Pause fügte Bruno hinzu: »Warum tust du das?«

»Weil du dann auch eine unnötige Spaßbremse bist. Und jetzt sei still.«

Nick wandte sich an Carol. »Kannst du Bruno bei Gelegenheit so programmieren, dass er sich seine Kommentare spart und nur noch tut, was ich ihm sage?«

Carol lächelte verschmitzt.»Das könnte ich sicher, aber ich werde es nicht tun.«

»Ich habe es befürchtet.«

»Sag mal«, Petra richtete sich auf ihrer Liege auf und sah Nick direkt an,»du hast dich doch heute Morgen noch ausgiebig mit Faber unterhalten. Was genau erwarten die ab morgen eigentlich von uns?«

Nick zuckte mit den Schultern.»Ich weiß auch nicht mehr als ihr. Die drehen einen Film über jugendliche Agenten, so was wie junge X-Men, und damit das Ganze zumindest ein bisschen realistisch wirkt, sollen wir sie beraten.«

»Hm …«, machte Paula.»Und warum fordern die dafür uns an? Aus Deutschland? Die haben doch hier sowohl das FBI als auch die CIA, und zumindest von Letzterer wissen wir, dass sie ebenfalls eine Abteilung für junge Agenten hat. Warum lassen sie sich nicht von denen beraten?«

Nick hob beide Hände.»Keine Ahnung. Vielleicht haben sie geschnallt, dass wir einfach mehr draufhaben als die Jungs und Mädels von der CIA.«

Alle lachten auf.»Na ja, zumindest …« Carol stockte kurz, dann richtete sie den Blick nach unten und murmelte: »Faber im Anmarsch.«

Vor ihren Liegen blieb der Direktor stehen und baute sich mit in die Hüften gestemmten Händen vor ihnen auf.»Ich habe mir gleich gedacht, dass ich euch hier finde. Wie weit seid ihr mit den Vorbereitungen?«

»Alles erledigt«, entgegnete Nick ohne Zögern. »Wir wissen Bescheid.«

Eine Weile sahen die beiden sich in die Augen, dann verzog sich Fabers Mund zu der Andeutung eines Grinsens. »Nader! Ihr habt die einmalige Gelegenheit, mit wenig Aufwand eine schöne Zeit in Hollywood zu verbringen. Ein wirklich leichter Auftrag. Wenn da irgendetwas schiefläuft, werde ich dich grillen, klar?«

»Ja, ist klar«, erklärte Nick. »Da wird nichts schieflaufen.« Faber nickte und blickte ernst von einem zum anderen. »Ich hoffe, ihr seid euch darüber im Klaren, dass das trotzdem ein offizieller und ernst zu nehmender Auftrag ist. Ich erwarte, dass ihr heute Abend früh im Bett liegt. Morgen geht es sehr zeitig los.«

»Klar«, sagte Petra.

»Glasklar«, bestätigte Paula.

Nach einem letzten mahnenden Blick wandte Faber sich ab und stampfte kopfschüttelnd davon.

»Hab ich es dir nicht gesagt?«, zeterte Bruno, doch Nick ignorierte ihn. Mit einem Seufzen verschränkte er die Arme hinter dem Nacken und schloss die Augen.

»Ihr habt es gehört, Leute. Bereitet euch gefälligst ernsthaft auf den entspanntesten Auftrag aller Zeiten vor.«

Das schrille Klingeln fuhr ihm durch Mark und Bein. Stöhnend tastete Nick nach seinem Handy und wischte über das Display, um dem nervigen Weckton ein Ende zu bereiten. Dann drehte er sich um, schloss die Augen und zog die Decke bis zur Nasenspitze hoch.

»Aufstehen, Schlafmütze.«

Bruno. Der hatte ihm gerade noch gefehlt.

»Nur noch fünf Minuten«, murmelte Nick.

»Es ist Viertel vor fünf.«

»Hmm.«

»In fünfzehn Minuten holt euch der Fahrer ab.«

»Dann hab ich ja noch Zeit.« Als Bruno schwieg, glaubte Nick schon, dass sein CBPI sich damit zufriedengeben würde.

»Hopp, hopp. Raus aus den Federn.«

Falsch gedacht. »Es ist mitten in der Nacht«, maulte Nick.

»Morgenstund hat Filmsetgold im Mund«, trällerte es fröhlich in sein Ohr.

Nick vergrub den Kopf unter dem Kissen, wohl wissend, dass das herzlich wenig bringen würde.

»Der frühe Agent fängt den Wurm.«

»Klappe.«

»*Carpe diem.*«

Nick seufzte. »Schon gut, schon gut. Ich steh auf.«

Zehn Minuten später zog Nick die Zimmertür hinter sich zu. Er ging den mit dickem Teppich ausgelegten Flur entlang zum Aufzug und fuhr hinab in die Lobby. Die Filmproduktion hatte sich nicht lumpen lassen und ihnen ein Hotel in der Nähe der Filmstudios spendiert. Als sich die Aufzugtüren öffneten, gaben sie den Blick frei auf prachtvolle Kronleuchter, einen glänzenden Marmorfußboden und Mobiliar im Stil der 1930er-Jahre. Nicht unbedingt Nicks Geschmack, aber dennoch beeindruckend.

Die anderen saßen in einer der ledernen Sitzgruppen und sahen ebenso verschlafen aus, wie er sich fühlte. Nur Direktor Faber wirkte, als wäre er schon seit Stunden wach. Nick fragte sich manchmal, ob dieser Mann überhaupt je schlief.

Als Faber Nick aus dem Aufzug kommen sah, faltete er die Zeitung zusammen, in der er gelesen hatte, und erhob sich. »Wir sind vollzählig. Dann können wir aufbrechen. Und denkt daran: Ihr redet nicht über eure Fähigkeiten, verratet keine Details zur Schule und gebt keine Interna preis!«

Nick sah zu Carol und verdrehte die Augen, was Carol mit einem Grinsen erwiderte.

»Nick Nader, das habe ich gesehen!«, kommentierte Faber trocken. »Ich meine es ernst: Wer Dummheiten macht oder sich nicht an die Regeln hält, sitzt im nächsten Flugzeug zurück nach Deutschland.«

Sie traten durch die Glastür auf die geschwungene Auffahrt hinaus, wo bereits der Fahrer in einem schwarzen Van auf sie wartete. Nachdem sie ihr Gepäck eingeladen und sich auf die Plätze verteilt hatten, startete ihr Chauffeur den Wagen und schlug den Weg in Richtung Mojave-Wüste ein. Die ehemalige Air-Force-Base, auf der in den nächsten zwei Tagen einige Außenaufnahmen des Films gedreht wurden, lag etwa drei Stunden außerhalb von Los Angeles. Aus diesem Grund hatte die Filmfirma mehrere Wohnwagen auf dem Stützpunkt aufstellen lassen, in denen die Crew sowie die Agenten vom BND übernachten würden. Sobald die Aufnahmen im Kasten waren, gingen die Dreharbeiten in den Hollywood-Studios weiter.

Sie waren inzwischen auf die Interstate abgebogen, auf der um diese Uhrzeit noch wenig Verkehr herrschte. Nick kuschelte sich in den Sitz und betrachtete das Häusermeer, das vor dem Fenster vorbeizog. Während über der Stadt langsam die Sonne aufging, führte die vierspurige Straße sie vorbei an glänzenden Türmen aus Stahl und Glas, schicken Villen, nüchternen Geschäftsgebäuden, Museen und Konzerthallen, palmenbestandenen Parks und Boulevards, Prachtstraßen und Shoppingmalls und schließlich durch nicht enden wollende Außenbezirke, die nahtlos in die Vorstädte übergingen. Irgendwann taten sich immer mehr Lücken zwischen den Häusern auf, die Bebauung wurde spärlicher und weniger urban, und nach etwa einer Stunde hatten sie Los Angeles endgültig hinter sich gelassen. In der Ferne erhoben sich kahle Berge. Ab und zu tauchte eine Kleinstadt am Straßenrand auf, ein Bahnübergang, vereinzelte Farmen. Und schließlich gab es nur noch rötlich braune, felsige, mit Büschen bewachsene Wüste, so weit das Auge reichte.

»Wir sind da.«

Nick fuhr erschrocken zusammen und richtete sich auf. Er musste eingeschlafen sein. Verstohlen wischte er sich Spucke aus dem Mundwinkel und sah in die Richtung, in die der Fahrer deutete. In einiger Entfernung waren Gebäude zu erkennen, die sich über ein großes, eingezäuntes Areal erstreckten. Das Zentrum bildete ein zweistöckiges, schmutzig graues Hauptgebäude. Rechts davon reihten sich mehrere niedrige Baracken aneinander. Auf der linken Seite befanden sich Hangars, Lagerhallen sowie ein rostiger Wasserturm, der klischeehaft nach Wildem Westen aussah. Doch der alles beherrschende Anblick waren die zwei riesigen Parabolantennen, die hinter den Verwaltungsgebäuden aufragten. Nick schätzte, dass die Schüsseln einen Durchmesser von mindestens vierzig Metern haben mussten. Obwohl sie etwas in die Jahre gekommen waren, verliehen sie dem ganzen Szenario einen beinahe futuristischen Anstrich.

»Wow«, entfuhr es Carol. »Wofür die wohl benutzt wurden?«

»Soweit ich informiert bin, hat die Air Force hier an der *militarization of space* gearbeitet«, warf Faber ein.

»Militarisierung des Weltraums?«, hakte Nick nach. »Das klingt ja wie bei Star Wars.«

»Vielleicht haben sie einen neuen Todesstern gebaut«, sagte Petra, ohne eine Miene zu verziehen.

»Möge die Macht mit uns sein«, fügte Paula hinzu.

Faber ignorierte den Einwurf der Zwillinge. »Da ging es eher um so ›profane‹ Dinge wie Spionage-Satelliten, Waffensysteme im All und Raketenabwehrsysteme. Dafür mussten entsprechend reichweitenstarke Funksignale gesendet werden. Der Größe nach zu urteilen, sind diese Antennen wahre Hochleistungsempfänger. Oder Sender, je nachdem.«

»Warum wurde der Stützpunkt aufgegeben?«, fragte Carol. »Die Antennen müssen ein Vermögen gekostet haben. Die lässt man doch nicht einfach in der Wüste zurück.«

»Tja, offenbar schon«, erwiderte Faber achselzuckend. »Bei Routineuntersuchungen wurde kontaminiertes Erdreich gefunden. Daraufhin hat die Umweltschutzbehörde die Schließung des Stützpunkts angeordnet. So lautet zumindest die offizielle Erklärung.«

Das Areal der Air-Force-Base war mit einem hohen, mit Stacheldraht bewehrten Maschendrahtzaun umgeben. In regelmäßigen Abständen wiesen Schilder darauf hin, dass es sich um militärisches Gelände handelte und das Betreten ohne Genehmigung verboten war. Der Fahrer bog auf eine Zufahrtsstraße ab. Nach wenigen Hundert Metern kam der Haupteingang in Sicht, ein steinerner Torbogen, auf dem in großen, verwitterten Buchstaben »Mojave Air Force Base« geschrieben stand.

Kurze Zeit später hielt der Van auf einem Parkplatz vor

den u-förmig angeordneten Verwaltungsgebäuden, der mit Lastwagen, Trailern und anderen Fahrzeugen vollgestellt war. Direktor Faber und die vier Junior-Agenten stiegen aus und sahen sich um. Die Wohnbaracken jenseits des Platzes machten aus der Nähe einen ziemlich heruntergekommenen Eindruck. Teile der Dächer waren eingestürzt, Türen hingen schief in den Angeln oder fehlten ganz, und überall hatten zähe Büsche und Pflanzen begonnen, sich ihr Terrain zurückzuerobern. Der große Gebäudekomplex vor ihnen schien deutlich besser erhalten zu sein, auch wenn er an einigen Stellen mit Graffiti beschmiert und die ein oder andere Fensterscheibe gesplittert war. Das Filmset befand sich offenbar bei den Hangars und dem Wasserturm. Mitglieder der Filmcrew luden gerade Kabelrollen und Materialkoffer aus einem der Lkws und schleppten sie in diese Richtung. Die Agenten beschlossen, ihnen zu folgen.

Als sie um eine Ecke bogen, steckten sie mit einem Mal mitten im Getümmel. Dutzende Crewmitglieder wuselten umher, dicke Kabelstränge schlängelten sich über den Boden, Scheinwerfer und Kameras wurden positioniert. An der Wand einer Lagerhalle standen dicht zusammengedrängt mehrere silberfarbene Trailer, an denen Schilder hingen, die mit »Make-up«, »Requisite« oder »Technik« beschriftet waren.

»Hier ist ja ganz schön was los!«, staunte Carol.

»Total cool«, sagte Nick. »Genau so hab ich's mir beim Film immer vorgestellt.«

Ein Mann mit Tarnhose, kurz geschorenen Haaren und

Headset trat auf sie zu. »Die … Agenten aus Deutschland?«, fragte er und hob dabei geringschätzig eine Braue. Seine wässrig grauen Augen huschten rasch von einem zum anderen und blieben schließlich an Direktor Faber hängen.

»So ist es«, antwortete Faber.

»Sehr schön. Willkommen am Set. Mein Name ist Rudolph, ich bin der Aufnahmeleiter. Ihr könnt mich Rudy nennen. Oder Boss, was euch lieber ist.« Er zog einen Mundwinkel nach oben, was wohl ein Lächeln andeuten sollte. Seinem Auftreten nach zu urteilen, vermutete Nick jedoch, dass das kein Spaß gewesen war und er seine Rolle als »Boss« in vollen Zügen genoss. Wie zur Bestätigung pfiff Rudy einmal laut zwischen den Zähnen und brüllte, ohne den Blick von Faber und den Agenten zu nehmen: »Derek!«

Ein schlaksiger junger Mann Anfang zwanzig löste sich aus einem Pulk von Technikern und kam auf sie zugestolpert. »Was gibt's, Boss?«, fragte er und musterte die Neuankömmlinge dabei neugierig.

»Das sind die Berater vom BND. Zeig ihnen, wo alles ist. Und sorg dafür, dass sie mir nicht im Weg rumstehen, während wir aufbauen«, blaffte Rudy und fuhr dann an die Agenten gewandt fort: »In zwei Stunden ist Drehbeginn. Bis dahin seid ihr alle wieder hier, damit ihr mir nicht aus Versehen durchs Bild trampelt.« Ohne ein weiteres Wort drehte er sich um und verschwand Richtung Technik-Trailer.

»Ein netter Zeitgenosse«, sagte Petra.

»Ganz reizend«, ergänzte Paula.

»Willkommen in Hollywood«, murmelte Carol.

»Wir gehen zuerst zu den Wohnwagen«, sagte Derek. Sie folgten ihm zurück zum Parkplatz, wo sich mehrere Trailer gegenüberstanden. Derek deutete auf zwei Wagen am Ende der Reihe. »Das da sind eure. Ihr könnt das Gepäck hierlassen. Dann zeig ich euch den Rest.«

Direktor Faber, der sich mit Nick zusammen einen Wohnwagen teilte, steuerte auf den äußersten Trailer zu. »Ich verzichte auf die Führung. Ich habe morgen ein wichtiges Meeting und muss noch eine Menge vorbereiten.«

»Wie Sie meinen«, erwiderte Derek schulterzuckend. »Sie wissen hoffentlich, dass das WLAN hier nicht funktioniert? Und Handyempfang gibt's auch keinen.«

»Das brauche ich nicht, aber danke.«

»Erstaunlich«, sagte Petra. »Hier stehen Hochleistungsantennen, mit denen man Signale ins Weltall schicken kann ...«

»... aber Handy und Internet funktionieren nicht«, ergänzte ihre Schwester den Satz.

»Was erwartet ihr?«, sagte Derek. »Immerhin sind wir mitten in der Wüste.«

»Ist die Crew schon länger hier?«, fragte Nick.

»Klar. Glaubst du, wir hätten das ganze Set erst heute Morgen aufgebaut?« Derek lachte. »Wir sind seit zwei Tagen da, verkabeln alles, leuchten aus, machen Stellproben und so Zeug. Habt ihr Lust, ein bisschen was vom Stützpunkt zu sehen? Ich kenne mich inzwischen ziemlich gut aus.«

»Dürfen wir hier einfach so rumlaufen?«, vergewisserte sich Carol.

»Warum denn nicht? Die Drehgenehmigung gilt für den gesamten Stützpunkt. Mit Ausnahme der verbotenen Gebäude natürlich. Kommt, ich führ euch rum.«

»Verbotene Gebäude?«, hakte Carol nach. »Was bedeutet das?«

»Was denkst du wohl?«, entgegnete Derek kopfschüttelnd und wandte sich ab.

Nachdem Nick und die Mädchen ihre Rucksäcke in den Trailern deponiert hatten, folgten sie Derek zu den Wohnbaracken, die sich allesamt in einem erbärmlichen Zustand befanden.

»Warst du mal in einer der Baracken drin?«, fragte Carol.

»Ja, klar«, erwiderte Derek. »Wollt ihr mal sehen?«

Ohne eine Antwort abzuwarten, stapfte er auf die Eingangstür der nächstgelegenen Baracke zu. Die Agenten sahen sich fragend an, zuckten mit den Schultern und folgten ihm.

Das Innere des Gebäudes bestand aus einem einzigen großen Raum. An den Wänden standen Stockbetten mit fleckigen Matratzen; Schränke, Tische und Stühle waren kreuz und quer im Zimmer verteilt. Nick erinnerte das Ganze an eine in die Jahre gekommene Jugendherberge, inklusive in die Tischplatten eingeritzter Sprüche oder vollgekritzelter Bettpfosten.

Durch ein Loch in der Wand schienen Tiere eingedrungen zu sein, denn überall auf dem Boden lagen Unrat und Kot herum. Als Paula in einer Ecke eine abgestreifte Schlangenhaut entdeckte, die Derek fachmännisch als die einer Mojave-Klapperschlange identifizierte, beschlossen sie, die Besichtigung in diesem Teil des Stützpunkts abzubrechen.

»Was ist eigentlich deine Aufgabe hier am Set?«, erkundigte sich Nick, während sie zu den Flugzeughangars hinübergingen.

»Kamera-Assistent«, erwiderte Derek stolz. »Ist mein erster großer Dreh. Und dann gleich den Jackpot gewonnen. Ich mach bei der Stuntszene heute Vormittag die Aufnahmen aus der Totalen. Ich bin komplett allein für die Kamera verantwortlich. Echt mega. Dafür lasse ich mich gern mal als Laufbursche einspannen.«

Sie benötigten fast zehn Minuten, bis sie den Bereich für die Flugzeuge erreicht hatten. Mehrere Hangars, Lagerhallen und Schuppen reihten sich aneinander. Der rissige Asphalt war voller Gummiabrieb und Ölflecken von den Kampfjets und Aufklärern. In einer Ecke stapelten sich Öltanks und verrostete Fässer. Trockenes hohes Gras wuchs im Schatten zwischen den Gebäuden, und hier und da arbeiteten sich Kletterpflanzen an den Wänden hinauf. Obwohl das Filmset nur wenige Hundert Meter entfernt war, herrschte eine geradezu gespenstische Stille.

»Wo sind eigentlich die verbotenen Gebäude, von denen du vorhin gesprochen hast?«, fragte Carol.

Derek deutete auf die Hangars. »Hier. Deswegen hängen hier auch überall Schilder mit Totenkopf rum. Total übertrieben, wenn ihr mich fragt.«

»Warum übertrieben?«, fragte Petra.

»Und warum verboten?«, wollte Paula wissen.

»Weil die Herren Soldaten beim Betanken ihrer Maschinchen nicht sonderlich zimperlich mit dem Treibstoff umgegangen sind und ständig Kerosin im Boden versickert ist. Deswegen besteht hier *angeblich*« – er betonte das letzte Wort überdeutlich – »akute Brandgefahr.«

»Ob die Flugzeuge noch in den Hangars stehen?«, überlegte Petra.

»Das wäre cool«, bestätigte Paula.

»Nein, die Hangars sind leer«, entgegnete Derek.

»Woher weißt du das?«, fragte Carol.

»Weil ich drin war.«

Carol sah ihn verwundert an. »Obwohl das Betreten ausdrücklich verboten ist?«

»Who cares?«, erwiderte Derek grinsend. »Man darf sich nur nicht erwischen lassen.« Er warf einen Blick auf seine Armbanduhr. »Gehen wir zurück zu den anderen. Dann zeig ich euch noch schnell das Wichtigste, bevor wir anfangen zu drehen.«

Die erste Szene wurde auf dem Dach eines derjenigen Hangars gedreht, deren Betreten streng verboten war. Derek erzählte ihnen, dass der Regisseur darauf bestanden hatte, auf genau diesem Gebäude zu drehen, weil die Wölbung des Dachs im Film besonders gut zur Geltung kommen würde. Es hatte ihn offenbar einige Überredungskunst gekostet, doch am Ende hatten die Verantwortlichen bei der Air Force ihm die Drehgenehmigung für das Dach erteilt – immer unter der Voraussetzung, dass niemand das Innere des Hangars betrat.

Am Set liefen die letzten Vorbereitungen. Scheinwerfer wurden ausgerichtet, Mikrofone angebracht, Kabel verstaut. Nicks Blick fiel auf ein Mädchen mit dunklen Locken, das zusammen mit einem hochgewachsenen, sportlichen Jungen aus dem Make-up-Trailer trat.

»Wer ist das?«, fragte er.

»Das sind Miley und Jasper, die beiden Hauptdarsteller«, erwiderte Derek. »Und der Typ, der sie gerade zu sich winkt, ist Steven, der Regisseur. Wahrscheinlich will er die verschiedenen Kameraeinstellungen besprechen. Jasper brauchen wir gleich für ein paar Großaufnahmen. Den Sprung vom Dach übernimmt das Stuntdouble.«

Derek erklärte rasch, wie der Dreh ablaufen würde, und zeigte ihnen die wichtigsten Mitglieder des Filmteams. »Rudy habt ihr ja schon kennengelernt. Steven und er haben hier das Sagen. Sie können manchmal ganz schön ungemütlich werden, also versucht ihnen am besten aus dem Weg zu gehen. Bei den Monitoren steht Tom, der technische Leiter. Und das da drüben ist mein Chef, Costa. Er ist für die gesamte Kameraführung verantwortlich.«

Derek deutete auf einen Mann mit Vollbart und Zigarette

im Mundwinkel. Als hätte Costa gehört, dass sie über ihn sprachen, sah er auf und hob eine Hand. »Hey, Derek, dein Typ wird verlangt.«

»Auf ins Gefecht«, sagte Derek. »Viel Spaß beim Zugucken.« Nach ein paar Schritten wandte er sich noch einmal um. »Und was immer ihr tut – lasst euch nicht erwischen.« Er grinste, tippte sich zum Abschied an die Stirn und war kurz darauf mit Costa hinter dem Hangar verschwunden.

»Komischer Vogel«, kommentierte Paula Dereks Abgang.

»Sehr komisch«, bestätigte Petra.

Die vier schlenderten am Set entlang und blieben bei einem riesigen Kissen stehen, das vor der Wand des Hangars lag und von einem Kompressor mit Luft gefüllt wurde.

»Wahrscheinlich das Landekissen für den Stuntman«, vermutete Carol.

Nick sah zur Kante des Dachs hoch, die sich gute zwanzig Meter über ihnen befand. »Dann hoffen wir mal, dass es kein Loch hat.«

»Das hoffe ich allerdings auch«, erklang eine Stimme. »Mit 'ner Querschnittslähmung kann ich meinen neuen Job nämlich gleich wieder an den Nagel hängen.«

Sie wandten sich um. Hinter ihnen – braun gebrannt, durchtrainiert und mit strahlendem Lächeln – stand Jack.

Nick traute seinen Augen nicht. »Jack? Ich werd verrückt. Was machst *du* denn hier?« Er lief auf den jungen Mann zu und klatschte ihn ab. Seit ihrem gemeinsamen Auftrag in Tibet, bei dem Jack gezwungen worden war, als Doppelagent für eine kriminelle tibetische Organisation zu arbeiten, hatten sie keinen Kontakt mehr gehabt. Über einige Ecken hatten sie jedoch herausgefunden, dass Jack zwar unehrenhaft aus dem Dienst der CIA entlassen worden war, man sämtliche Anschuldigungen gegen ihn jedoch fallen gelassen hatte.

Carol war ebenso erfreut wie Nick und umarmte Jack herzlich. »Mensch, Jack. Das ist ja eine Überraschung. Sag bloß, du spielst bei dem Film mit?«

Jack grinste. »Indirekt. Ich bin der Stuntman von Jasper, dem Hauptdarsteller.«

Nick nickte anerkennend. »Ich könnte mir keinen besseren Job vorstellen.« Jack hatte genau wie die Agenten des BND besondere Fähigkeiten – er besaß einen außerordentlich guten Gleichgewichtssinn und ein ungeheures Sprungvermögen.

»Eigentlich braucht man dafür eine mehrjährige Ausbildung, aber als ich den Produzenten ein paar Stunts vorgeführt habe, haben sie abgewunken und mich vom Fleck weg für diesen Film engagiert«, sagte Jack nicht ohne Stolz. »Ein ehemaliger CIA-Agent als Stuntman bei einem Agentenfilm. Witzig, oder? Und könnt ihr euch meine Überraschung vorstellen, als ich gehört habe, dass Junior-Agenten des BND als Berater ans Set kommen?«

»Die Welt ist wirklich klein«, stimmte Nick ihm zu. »Schön, dich wiederzusehen.«

Jacks Blick fiel auf Petra und Paula. »Und mit wem habe ich hier die Ehre?«

»Petra«, sagte Petra.

»Paula«, sagte Paula.

»Freut mich«, erwiderte Jack und sah dann stirnrunzelnd zwischen den Zwillingen hin und her. In ihren schwarzen Jeans und fliederfarbenen T-Shirts glichen sie sich wie ein Ei dem anderen. »Nehmt es mir nicht übel, aber gibt es irgendeine Chance, euch auseinanderzuhalten?«

»Der Leberfleck«, sagte Paula.

»An ihrem Hals«, sagte Petra.

Jack sah genauer hin. »Stimmt. Sieht süß aus.« Er lächelte Paula so breit an, dass zwei tiefe Grübchen auf seinen Wangen zum Vorschein kamen. Petra runzelte argwöhnisch die Stirn, doch Paula wandte verlegen den Blick ab und wurde rot.

»Ich muss los, Leute. Wir unterhalten uns später. Wünscht mir Glück.« Jack klatschte noch einmal bei Nick ab, zwinkerte Paula und Petra zu und ging in die gleiche Richtung, in die bereits Derek und der Kameramann verschwunden waren.

Eine Frau mit Headset trat auf sie zu. »Wir fangen gleich an zu drehen. Rudy hat mich gebeten, euch nach hinten ins Zelt zu schicken.« Die Frau deutete auf ein paar Pavillons, die in einiger Entfernung am Rand des Sets standen.

»So weit weg?«, fragte Carol.

»Muss leider sein«, erwiderte die Frau. »Es ist zu gefährlich, wenn ihr hier herumsteht. Da drüben seid ihr niemandem im Weg.«

Als sie kurz darauf bei den Pavillons ankamen, war Nick

enttäuscht. »Von hier bekommt man ja gar nichts mit. Ich würde viel lieber sehen, was sich auf dem Dach abspielt.«

»Und wie willst du das machen?«, fragte Petra.

Nick zuckte mit den Schultern. »Mir fällt schon was ein.«

»Ich bleibe hier«, sagte Paula.

»Ich auch«, stimmte Petra ihrer Schwester zu. »Ich will nicht dafür verantwortlich sein, wenn irgendeine Szene schiefgeht.«

»Komm schon, Nick«, bat Carol. »Du hast doch gehört, was Derek gesagt hat. Wir sollten uns an die Anweisungen halten. Sonst bekommen wir gleich am ersten Tag Ärger.«

Nick grinste. »Wisst ihr, was Derek noch gesagt hat? ›Was immer ihr tut – lasst euch nicht erwischen.‹«

Nick musste nicht lange suchen. Der verrostete Wasserturm, den er schon vom Auto aus gesehen hatte, erwies sich als der perfekte Aussichtspunkt. Von hier aus sah man auf das gesamte Set sowie das Dach des Hangars. Der Turm war nur etwa zwanzig Meter von dem Gebäude entfernt und so positioniert, dass Nick auf keinen Fall im Bild sein würde. Er kletterte an einer Leiter hinauf und setzte sich auf den schmalen Steg, der einmal um den Wasserspeicher herumführte.

Die Großaufnahmen mit Jasper waren bereits abgedreht. Während sich der Hauptdarsteller in seinen Trailer zurückzog, wurde Jack mithilfe einer riesigen Hebebühne, deren Teleskop-Arm fast senkrecht in den Himmel ragte, auf den Hangar hinaufgebracht. Er sprang von dem mit einem halbhohen Gitter gesicherten Korb, ging über das gewölbte Dach zu einer Stelle, die mit einem kleinen X markiert war, und wartete. Die Hebebühne, auf der sich jetzt nur noch Derek mit seiner Kamera befand, fuhr weiter in die Höhe, bis sie etwa zehn Meter über dem Hangar zum Stehen kam.

Nick ließ den Blick über das Set schweifen. Das geschäftige Gewusel hatte aufgehört, jeder hatte seinen Platz eingenommen und wartete darauf, dass die Szene anfing. Rudy und Steven standen vor einem Monitor, berieten sich kurz und schienen etwas in ihre Headsets zu sprechen. Der Toningenieur gab bereits das Daumen-hoch-Zeichen. Nick sah, wie sich die Satellitenschüssel des Übertragungswagens, der neben dem Make-up-Trailer stand, in Richtung des Hangardachs drehte. Es konnte losgehen.

Plötzlich wehte der Wind die leise Melodie von »I kissed a girl« von Katy Perry heran. Stirnrunzelnd sah Nick sich nach der Quelle der Musik um. Niemand am Set schien sie zu bemerken. Nur Derek zuckte zusammen und wandte sich verstohlen zur Seite. Was tat er denn da? Jeden Augenblick würde das Startsignal zum Drehen fallen. Nicks Verwunderung wuchs weiter, als Derek ein Handy aus der Gesäßtasche seiner Jeans zog. Die Melodie war offenbar sein Klingelton. Nick schüttelte verwundert den Kopf. Ein klingelndes Handy war bei Filmaufnahmen eine Todsünde. Und überhaupt: Wieso hatte er hier Empfang? Zu allem Überfluss schaltete Derek das Handy nicht aus, sondern stellte offenbar eine Verbindung her und hielt es sich ans Ohr. Nick hatte noch nie verstanden, warum manche Leute einen Anruf entgegennahmen und dann ganz verstohlen flüsterten: »Ich kann jetzt nicht, ich ruf später zurück«, anstatt den Anrufer einfach wegzudrücken.

Kurz darauf drehte sich Derek wieder zurück zur Kamera. Am Set schien man von der Episode nichts mitbekommen zu haben. »Ruhe bitte! Alle auf Position!«, rief eine Stimme so laut, dass sie sogar bis zu Nick heraufschallte. Konzentrierte Stille breitete sich aus. Jack lockerte noch einmal die Schultern und atmete tief durch. Nick sah wieder zu Derek hinüber. Mit starrem Blick fingerte er an den Verschraubungen herum, mit denen die Kamera an einem Metallarm befestigt war und ein Stück über das Geländer der Hebebühne hinausragte. Warum machte er sich nicht für die Aufnahme bereit? Was hatte er vor? Nick blieb keine Zeit, das Rätsel zu lösen. Mit einem knirschenden Geräusch löste sich die Kamera aus der Halterung, stürzte in die Tiefe – und riss Derek mit sich. Er musste an dem schweren Gerät hängen geblieben sein.

Plötzlich blieb die Zeit stehen. Als wäre ein Schalter umgelegt worden, fiel Derek nur noch im Zeitlupentempo auf das Dach zu, und auch die Kamera sank schwerelos wie eine Feder hinab. Nick war *gesprungen*. Hastig überlegte er, wie er am schnellsten auf das Hangardach gelangen konnte. Er musste vom Wasserturm klettern, zur Hebebühne sprinten, sie runterlassen, aufsteigen, wieder hochfahren ... das würde er nie im Leben schaffen, bevor sein Adrenalinschub nachließ und der *Sprung* vorbei war. Aber er konnte doch nicht einfach tatenlos zusehen. Wenn Derek auf dem Hangardach aufschlug, würde er sich schwerste Verletzungen zuziehen – sofern er den Sturz aus zehn Meter Höhe überhaupt überlebte!

Nick wollte sich zur Leiter umwenden, um das Unmögliche zumindest zu versuchen, als ihm noch etwas anderes auffiel. Jack bewegte sich auf Derek zu, unendlich langsam zwar, aber eindeutig zu erkennen. Wie ein Weitspringer setzte er zum Sprung an und hob ab. Nick ahnte, was er vorhatte.

Als hätte erneut jemand einen Schalter betätigt, kehrte die Welt um ihn herum wieder zu ihrem normalen Tempo zurück. Im gleichen Moment schlug die schwere Kamera mit einem ohrenbetäubenden Krachen durch das Dach des Hangars. Doch der dumpfe Aufprall von Dereks Körper, mit dem Nick insgeheim rechnete, blieb aus. Ein Schatten flog heran und riss den Kameramann mit sich über die Kante des Dachs. Im Bruchteil einer Sekunde waren Jack und Derek hinter dem Hangar verschwunden.

So schnell er konnte, kletterte Nick von dem Wasserturm und lief zurück zum Set. Die gesamte Crew befand sich in heller Aufregung. Einige standen in kleinen Gruppen zusammen und diskutierten mit ungläubigen Mienen darüber, was gerade geschehen war. Die meisten jedoch hatten sich vor dem riesigen Luftkissen versammelt, auf dem Jack und Derek gelandet waren.

Nick zwängte sich durch einige Umstehende hindurch, um etwas erkennen zu können. Jack stand neben der Matte und winkte ab, als ihm ein paar Crew-Mitglieder anerkennend auf die Schulter klopfen wollten. Offenbar hatte er den Sturz unbeschadet überstanden. Derek wurde gerade von zwei Sanitätern, die bei Stuntszenen grundsätzlich am Set anwesend waren, von der Matte gezogen. Auf den ersten Blick schien auch er keine äußeren Verletzungen davongetragen zu haben, doch er starrte teilnahmslos vor sich hin und zeigte keinerlei Reaktion auf die Fragen der Sanitäter.

»Nick!«

Er wandte sich um. Carol und die Zwillinge hatten ihn entdeckt und liefen auf ihn zu.

»Wo bist du gewesen?«, fragte Carol.

»Auf dem Wasserturm«, erwiderte Nick. »Habt ihr gesehen, was passiert ist?«

»Nicht wirklich«, entgegnete Carol. »Wir konnten zwar die Hebebühne sehen, aber nicht Derek. Plötzlich fällt die Kamera runter und Derek gleich hinterher. Und eine Sekunde später stürzen Jack und Derek hier unten in das Kissen.«

»Jack hat einen Wahnsinnssprung hingelegt«, sagte Nick. »Wäre er nicht gewesen, hätte Derek sich das Genick brechen können. Vermutlich hat er ihm das Leben gerettet.«

Sie beobachteten, wie Derek von den Sanitätern zum Krankenwagen geführt wurde. Er bewegte sich wie eine Marionette, die an Fäden gehalten wurde, mit monotonen, gleichförmigen Bewegungen.

»Schock«, sagte Paula.

»Posttraumatisch«, fügte Petra hinzu.

»Sieht ganz so aus«, sagte Carol. »Der Arme. Wie konnte das bloß passieren?«

Sie hörten leise Stimmen. Nick wandte suchend den Kopf. Halb hinter einem Pavillon entdeckte er Rudy und Costa, die sich leise miteinander unterhielten. Nick konnte nicht genau verstehen, was sie sagten, bildete sich aber ein, die Worte »wunderbar geklappt« und »Kollateralschaden« zu hören.

In diesem Moment bemerkten die beiden Filmleute die Junior-Agenten. Bildete Nick sich das nur ein, oder sahen sie aus, als hätte man sie auf frischer Tat ertappt? Auch einige andere Crew-Mitglieder waren auf die beiden aufmerksam geworden.

Deutlich lauter als vorhin sagte der Aufnahmeleiter: »Das hat man davon, wenn man einem Grünschnabel Verantwortung überträgt. Ich hab dir ja gleich gesagt, dass der Junge noch nicht so weit ist.«

»Er hatte seine Chance und er hat's verbockt. Schwamm drüber, okay?«, entgegnete Costa.

»Schwamm drüber? Bist du total irre? Der Trottel hat eine Kamera im Wert von mehreren Tausend Dollar fallen gelassen!«

Fallen gelassen? Nick stutzte. Derek hatte die Kamera nicht aus Versehen fallen gelassen – er hatte sie ganz bewusst aus ihrer Befestigung gelöst. Doch dann fiel ihm ein, was Carol gesagt hatte. Von hier unten war Derek gar nicht zu sehen gewesen.

Nick runzelte die Stirn. Warum um alles in der Welt hatte Derek das gemacht? Er war doch so stolz gewesen, endlich selbst eine Kamera übernehmen zu dürfen. Nick wurde unsicher. Und wenn er die Szene falsch in Erinnerung hatte? Wenn Derek die Befestigungen gar nicht lösen, sondern noch einmal hatte festdrehen wollen?

Der Aufnahmeleiter und der Kameramann waren immer noch in ihre lautstarke Diskussion vertieft.

»Reg dich ab, Rudy«, sagte Costa. »Ich hole eine Ersatzkamera und gehe selbst auf die Hebebühne. Alles halb so wild.«

»Dann aber pronto«, fauchte Rudy. »Hast du eine Ahnung, was ein Drehtag auf dem Stützpunkt kostet? Wir können uns keine weiteren Verzögerungen leisten.«

Costa nickte, winkte einen Assistenten heran und schickte ihn zu einem der Materialwagen, um eine Ersatzkamera zu holen. Rudy verschwand in die andere Richtung und blaffte im Vorbeigehen irgendjemanden an, er solle ihm gefälligst einen Kaffee organisieren. Schwarz, mit drei Stück Zucker. Die Crew-Mitglieder flüsterten noch eine Weile miteinander und zerstreuten sich dann nach und nach.

»Unfassbar.« Carol schüttelte den Kopf. »Geht es denen nur ums Geld? Kein Wort darüber, dass Derek hätte tot sein können.«

»Und dass die Kamera das Hangardach beschädigt hat, scheint auch niemanden zu interessieren«, warf Nick ein.

Jack hatte die Gratulanten und Schulterklopfer abgeschüttelt und gesellte sich zu ihnen.

»Da ist ja der Held des Tages«, begrüßte Carol ihn.

Jack verdrehte die Augen. »Fang du nicht auch noch an. Ihr hättet genau das Gleiche getan.«

»Mit dem entscheidenden Unterschied, dass wir nicht so weit hätten springen können«, warf Nick ein. »Im Ernst, Jack. Das war 'ne reife Leistung!«

Jack winkte ab.

»Wie geht es Derek?«, fragte Paula. »Hat er gesagt, was passiert ist?«

»Nein, der ist vollkommen weggetreten«, erwiderte Jack. »Sie bringen ihn nach L.A. in ein Krankenhaus.«

»Der erste Tag am Set, und dann gleich so eine Aufregung.« Carol seufzte. »Wenn das so weitergeht, wird das nichts mit dem entspanntesten Auftrag aller Zeiten.«

5

Gegen Mittag war die Stuntszene ohne weitere Zwischen-
fälle im Kasten. Nach einer Pause standen einige Szenen mit
Miley und Jasper, den beiden Hauptdarstellern, auf dem
Drehplan.

Zum Mittagessen versammelten sich Crew und Schauspieler in einem Zelt, in dem von der Catering-Firma Tische
und Bänke aufgestellt worden waren. Nick hatte sich seinen
Teller randvoll mit dampfenden Spaghetti bolognese be-
laden und hielt nun nach einem Platz Ausschau. Jack saß bei
den Zwillingen und erzählte einer interessiert lauschenden
Paula gerade von seiner Crashkurs-Ausbildung zum Stuntman, während Petra mürrisch vor sich hin starrte. Nick beschloss, die drei in Ruhe zu lassen und Carol Gesellschaft zu
leisten, die von einem Statisten namens Clifford in Beschlag
genommen worden war. Er setzte sich den beiden gegenüber, schob sich eine Gabel Spaghetti in den Mund und betrachtete Clifford. Mit seinen blonden Locken, der braun
gebrannten Haut und dem weit ausgeschnittenen Shirt, in
dessen V-Ausschnitt ein Goldkettchen blitzte, hätte er besser an den Strand gepasst als auf eine verstaubte Militär-
basis. Amüsiert beobachtete Nick, wie er sich näher zu Carol

beugte und darauf achtete, dass dabei die Muskeln seiner durchtrainierten Oberarme zur Geltung kamen. Carol ließ sich davon jedoch nur mäßig beeindrucken und spielte das Spielchen eher aus Spaß mit.

»Wie wird man eigentlich Statist?«, fragte sie. »Muss man dafür irgendwelche besonderen Voraussetzungen erfüllen?«

»Das kommt darauf an, welcher Typ für den jeweiligen Film gebraucht wird«, erwiderte Clifford. »Ich bin bei mehreren Agenturen in der Kartei, die sich auf die Vermittlung von Statisten spezialisiert haben. Auf diese Weise habe ich schon einige Jobs bekommen.«

»Bei wie vielen Filmen bist du denn schon dabei gewesen?«

»Keine Ahnung. Ich hab irgendwann aufgehört zu zählen. Hollywood wimmelt nur so von Filmproduktionen. Und die Serien brauchen auch immer Statisten.«

»Also ist das eine Art Hobby von dir?«, fragte Nick.

»Könnte man so sagen. Eigentlich studiere ich am College, aber ich habe mir ein Jahr Auszeit genommen. Das Leben ist zu kurz, um nur vor irgendwelchen Büchern zu hocken.« Clifford grinste. »Ich finde es spannend, hinter die Kulissen zu sehen und ganz nah an die Stars ranzukommen. Wie in diesem Fall an die süße Miley.«

»Die ist ein Star?«, fragte Carol verwundert.

»Klar. Sie war Moderatorin beim Disney Club und hat schon in einigen Filmen mitgespielt. Hier in Amerika ist sie 'ne ganz große Nummer. Zumindest bei den Kids.«

Nick und Carol sahen sich an und zuckten mit den Schultern. Wenn man jahrelang in einer unterirdischen Schule zum Geheimagenten ausgebildet wurde, gingen manche Dinge schlicht an einem vorbei.

»Aber die vielen Menschen, die man am Set kennenlernt, finde ich mindestens genauso spannend wie die großen Stars«, fuhr Clifford fort und zwinkerte Carol zu. »Besonders, wenn sie so hübsch sind.«

Nick musste sich zusammenreißen, um nicht laut loszuprusten. Mit der Masche würde er bei Carol auf Granit beißen. Es war unschwer zu erkennen, was sie von Cliffords Anmachsprüchen hielt. Doch Clifford schien davon nichts zu merken.

»Was haltet ihr von dem Stützpunkt?«, fragte er. »Ziemlich coole Location, oder?«

»Allerdings«, erwiderte Carol. »Derek hat uns heute Vormittag ein bisschen rumgeführt.«

»Derek? Der Kamera-Assistent, der von der Hebebühne gefallen ist?«

»Genau der.«

»Das ist vielleicht ein komischer Vogel. Von denen scheint es hier einige zu geben.«

»Wen meinst du?«, fragte Nick.

»Den Aufnahmeleiter zum Beispiel oder den Regisseur. Und noch zwei, drei andere. Filmleute sind ja oft ein bisschen schräg, aber zumindest sind sie mit Leidenschaft bei der Sache. Bei denen hier habe ich aber das Gefühl, dass sie einfach nur das Drehbuch abarbeiten.« Clifford zuckte mit den Achseln. »Na ja, ist ja nicht mein Problem, wie das hinterher auf der Leinwand aussieht. Was hat Derek euch denn alles gezeigt?«

»Wir waren in einer der Wohnbaracken und drüben bei den Hangars und Lagerhallen«, erwiderte Carol.

»Und im Hauptgebäude?«

»Nein, dafür hatten wir keine Zeit.«

»Wisst ihr, was ich gehört habe? Angeblich gibt es dort ein richtiges Kino.« Clifford beugte sich noch näher zu Carol und zwinkerte ihr verschwörerisch zu. »Sollen wir zusammen hingehen? Vielleicht steckt ja noch ein Film im Projektor.«

Carol zögerte. Nick konnte förmlich spüren, welchen inneren Kampf sie mit sich ausfocht. Einerseits hatte sie keine Lust, Zeit mit Clifford zu verbringen, andererseits würde sie zu gerne mehr von dem Stützpunkt erkunden. Er wusste, dass sie ein Faible für verlassene Orte hatte. Sie hatte ihm mal erzählt, dass sie als Kind in London durch das Fenster einer leer stehenden Fabrik geklettert war, in der die Band ihres Vaters Aufnahmen für ein Plattencover gemacht hatte. Sie war durch das Gebäude gestreift und hatte sich dabei vorgestellt, verborgene Türen oder Geheimverstecke zu finden. Ein altes Kino auf einem Luftwaffenstützpunkt musste eine unwiderstehliche Anziehungskraft auf sie ausüben.

Carol sah Nick bittend an. »Kommst du mit?«

Nick fand die Vorstellung zwar ebenfalls interessant, aber er hatte andere Pläne. Nach der Mittagspause standen einige Szenen mit Miley auf dem Programm, und er hatte eindeutig mehr Lust, ihr dabei zuzuschauen als Clifford bei seinen plumpen Annäherungsversuchen. Daher setzte er sein unschuldigstes Lächeln auf und antwortete: »Ach nein, ich wäre euch bloß im Weg. Zieht ihr ruhig alleine los.«

Bevor Carol ihn mit ihren Blicken durchbohren konnte, schnappte er sich seinen leeren Teller und räumte das Feld. Sie würde sich schrecklich an ihm rächen, weil er sie im Stich gelassen hatte. Aber vielleicht entpuppte sich der schöne Clifford ja als ganz nett, wenn sie erst einmal mit ihm alleine war.

6

»Cut!«, schallte die Stimme des Regisseurs über das Set. Miley und Jasper, die gerade eine ziemlich intensive Szene mit viel Dialog hinter sich hatten, klatschten sich ab.

»Zwanzig Minuten Umbaupause, dann machen wir mit Szene vierzehn weiter«, rief Rudy.

Nick richtete sich auf und merkte erst jetzt, wie steif seine Glieder waren. Er hatte die letzte Stunde beinahe bewegungslos neben dem Produktionsassistenten auf einem Stuhl verbracht und die Szene auf einem kleinen Monitor mitverfolgt, auf den das Bild der Kamera übertragen wurde. Ihn faszinierte der Gegensatz zwischen dem Filmset mit den unzähligen Menschen, Kabeln, Mikros und Scheinwerfern und der Wirkung auf dem Bildschirm, auf dem es so aussah, als wären Miley und Jasper mutterseelenallein.

Nick streckte sich und warf einen Blick auf die Uhr. Erstaunt stellte er fest, wie spät es geworden war. Carol und Clifford schienen noch unterwegs zu sein, und auch die Zwillinge waren nirgendwo zu sehen. Er wollte sich gerade etwas zu trinken besorgen, als Direktor Faber auf ihn zukam. Er machte einen ziemlich entnervten Eindruck.

»Nick, weißt du zufällig, wo Carol ist?«, platzte er heraus.

»Mein Laptop ist gerade abgestürzt. Auf der Festplatte befindet sich mein gesamtes Material für den Kongress morgen. Carol muss das Ganze unbedingt wieder zum Laufen kriegen.«

Nick druckste herum, was Faber offenbar falsch interpretierte. »Bevor du fragst – nein, ich habe keine Sicherungskopie gemacht.«

Doch Nick zögerte aus einem anderen Grund. Er war sich nicht ganz sicher, ob das Herumstreifen auf einer verlassenen Air-Force-Base mit einem Jungen, den man gerade erst kennengelernt hatte, eventuell gegen Fabers Definition von »keine Dummheiten machen« verstieß. Er entschied sich, zumindest halbwegs bei der Wahrheit zu bleiben. »Ich weiß nicht, wo sie steckt. Tut mir leid.«

»Würdest du sie bitte suchen?«, bat Faber ihn zerstreut. »Ich probiere in der Zwischenzeit selbst noch mal mein Glück.«

Nick versicherte ihm, sich sofort auf den Weg zu machen. Doch in Wahrheit verließ er das Filmset nur ungern. Ihm gefiel die lebendige Atmosphäre, das hektische Treiben zwischen den Szenen und die konzentrierte Ruhe während der Aufnahmen. Obendrein hatte er gar keine Lust, Carol und Clifford hinterherzurennen. Was zum Henker trieben die denn eigentlich die ganze Zeit? Wie lange konnte es dauern, sich ein verlassenes Kino anzusehen? Oder war Carol am Ende Cliffords Charme erlegen? Die Aussicht, die beiden beim Rumknutschen zu stören, ließ seine Motivation noch ein ganzes Stück tiefer sinken.

Widerstrebend wandte er sich um und marschierte in Richtung Hauptgebäude. Bereits wenige Meter nachdem er das Set hinter sich gelassen hatte, umfing ihn wieder die merkwürdige Stille, die ihm schon heute Morgen aufgefallen war. Trotz des allgegenwärtigen Verfalls strahlte dieser Ort eine Atmosphäre aus, die die Erinnerung an längst vergangene Zeiten lebendig werden ließ. Nick konnte sich beinahe bildlich vorstellen, wie hier einst ölverschmierte Soldaten ihre Flugzeuge gewartet und auf einer Bank im Schatten Zigaretten geraucht hatten, konnte das Heulen der Motoren hören und das Fauchen der Kampfjets in der Luft. Die riesigen Parabolantennen, die hinter dem Hauptgebäude hervorragten, verstärkten diesen Eindruck noch. Wer weiß, welche Botschaften einst von hier gefunkt oder empfangen worden waren. Nick beschloss, einen kleinen Abstecher zu machen und sich diese Wunderwerke der Technik aus der Nähe anzusehen.

Je näher er den Antennen kam, desto deutlicher wurden ihm die gigantischen Ausmaße der Schüsseln bewusst. Sie waren in Richtung Westen ausgerichtet und standen so aufrecht, dass Nick fast die gesamte Innenfläche erkennen konnte. Die einst weiße Oberfläche war fleckig und grau geworden und mit einigen Tags und anderen Graffitis besprüht. Die Sprayer mussten über das Stahlgerüst auf die Schüsseln geklettert sein. Ein waghalsiges Manöver, aber machbar. Nick juckte es in den Fingern, es ihnen gleichzutun. So eine Gelegenheit bekam man nicht alle Tage. Andererseits hatte er keine Ahnung, wie lange es noch dauern würde, bis er Carol gefunden hatte. Vermutlich wäre es vernünftiger, es nicht zu tun.

»Bruno?«, sagte er. »Kannst du versuchen, Trinity zu orten?«

»Nick?«, hörte er Brunos verzerrte Stimme. »Ich verstehe dich total schlecht. Ich hab die ganze Zeit so ein nerviges Pfeifen im Ohr.«

»Du hast kein Ohr.«

»Du weißt, was ich meine.«

»Kannst du Kontakt zu Trinity aufnehmen?«

»Ha, du machst Witze. Ich bin ja schon froh, wenn ich den Kontakt zu dir nicht verliere.«

Plötzlich erklang ein Ton in Nicks Ohr, der stetig lauter wurde und schließlich wie bei einer Rückkopplung in ein unerträgliches Fiepen überging. Nick schrie auf und hielt sich mit schmerzverzerrtem Gesicht die Hand an das Ohr, ohne dass er damit etwas hätte ändern können. Als das Geräusch nach ein paar Sekunden wieder abebbte, atmete er erleichtert auf.

»Siehst du?«, hörte er gleich darauf Brunos Stimme. »Ich hab's dir ja gesagt. Ganz schön nervig, was?«

»Nervig? Mir wär fast das Trommelfell geplatzt!«, keuchte Nick. »Ich habe gerade beschlossen, dass du auf Stand-by gehst, solange wir uns auf dem Stützpunkt befinden. Ich würde mein Gehör gerne noch eine Weile behalten.«

»Du musst bloß das Störsignal abstellen, dann ist alles gut.«

»Störsignal? Wo soll denn hier ein Störsignal herkommen?«,

fragte Nick verblüfft. Als der Ton erneut lauter wurde, wischte er den Gedanken jedoch rasch beiseite und befahl:»Bruno, Stand-by.«

Er hörte ein metallisch verzerrtes Grummeln, das von dem schriller werdenden Fiepen übertönt wurde. Nick schloss die Augen und verzog erneut schmerzerfüllt das Gesicht. Dann war mit einem Mal alles still.

Nick schüttelte irritiert den Kopf. Was war denn das gewesen? Er würde Carol fragen, ob sie die gleichen Probleme mit ihrem CBPI hatte. Doch dazu musste er sie erst einmal finden.

Durch seinen Abstecher zu den Antennen erreichte er das Hauptgebäude von der Rückseite. Es war das einzige Gebäude des Stützpunkts, das aus Stein errichtet worden war. Die Fenster im Erdgeschoss waren vergittert und so staubig und verdreckt, dass er nicht hindurchsehen konnte. Etwa in der Mitte befand sich eine Tür, ein Hinterausgang, wie es schien. Als Nick probehalber den Knauf drehte, ließ die Tür sich zu seinem Erstaunen problemlos öffnen. Dahinter erstreckte sich ein langer Flur, von dem rechts und links Türen abgingen.

Als Nick das Gebäude betrat, schlug ihm abgestandene, muffige Luft entgegen. Während er den Gang entlanglief, warf er einen Blick in den ein oder anderen Raum. Schreibtische und Aktenschränke deuteten darauf hin, dass hier die Verwaltung des Stützpunkts untergebracht gewesen war. Eine dicke Staubschicht überzog die zurückgelassenen Möbel. Unbeschriebene Blätter lagen verstreut herum, und in einem Raum standen einige alte Ordner in einem Regal. Offenbar hatte man beim Auszug vergessen, die Sachen mitzunehmen.

Nick folgte dem Flur bis in die Eingangshalle des Gebäudes. Von Carol und Clifford war nichts zu sehen. Er überlegte, ob er die Treppe in den ersten Stock hinaufgehen sollte, als sein Blick auf ein Schild mit der Aufschrift *Theater* fiel, das über einer Doppeltür angebracht war. Das musste das Kino sein, von dem Clifford gesprochen hatte.

Nick öffnete die Tür und betrachtete verblüfft den Raum, der dahinter zum Vorschein kam. Er hatte angenommen, dass er ein paar Stuhlreihen, einen Ständer mit ausziehbarer Leinwand und einen klapprigen Projektor vorfinden würde. Tatsächlich erstreckte sich vor ihm jedoch ein richtiger kleiner Kinosaal, mit den typischen Klappsesseln, einem dunklen Teppich und einer Öffnung in der hinteren Wand, in der ein Filmprojektor stand. Der Boden fiel nach vorne hin leicht ab, und ganz unten befand sich eine schmale Bühne mit einem roten Samtvorhang, der die Leinwand verhüllte. Verrückt, was den Soldaten hier zum Zeitvertreib alles geboten worden war.

Mehrere Wandlampen hüllten den Saal in ein dämmriges Licht, in dem kaum etwas zu erkennen war. Nick glaubte, vorne auf der Bühne eine Bewegung auszumachen. Im gleichen Moment hörte er Carols erboste Stimme rufen: »Hey, hör sofort auf damit!«

Nick sah sich suchend um.

»Jetzt hab dich nicht so.« Das war Clifford. Kurz darauf

erklang ein halb verärgertes, halb ersticktes Keuchen von Carol. Eine Bewegung des Vorhangs lenkte Nicks Blick nach rechts – und dann sah er sie.

Carol und Clifford standen unten auf der Bühne. Clifford drückte Carol an die Wand und versuchte, sie zu küssen. Dass Carol zu einem Befreiungsschlag ansetzte – sie hatte den schwarzen Gurt in Krav Maga –, bekam Nick nicht mehr mit. Er explodierte. Was bildete der Kerl sich eigentlich ein? Adrenalin schoss durch seinen Körper, und er wusste instinktiv, dass er *sprang*.

Er rannte den Mittelgang hinunter, war mit einem Satz auf der Bühne und packte Clifford an den Schultern. Normalerweise war es auch während eines *Sprungs* fast unmöglich, menschliche Bewegungen zu beeinflussen, doch in diesem Fall nahm Nick die Anstrengung in Kauf. Er zerrte mit aller Kraft an Clifford, bis er sah, wie sich dessen Oberkörper im Zeitlupentempo von Carol wegbewegte. Er zog noch einen Augenblick weiter, dann trat er ein paar Schritte zur Seite und wartete darauf, dass der *Sprung* endete. Keine halbe Minute später war es, als hätte jemand die Vorspultaste gedrückt. Clifford wurde wie von einer riesigen Hand nach hinten gerissen und fast bis ans andere Ende der Bühne geschleudert. Nick lächelte zufrieden. Die Kraft, die er während eines *Sprungs* ausübte, verstärkte sich um ein Vielfaches, sobald die Zeit wieder normal lief. Das war genau der Effekt gewesen, den er sich erhofft hatte.

Er ging zu dem völlig verdutzt am Boden liegenden Clifford und baute sich vor ihm auf. »Du verdammter Mistkerl«, brüllte er. »Wenn eine Frau *Nein* sagt, heißt das auch *Nein*. Wieso fällt es manchen Typen eigentlich so schwer, das zu akzeptieren?«

Clifford hielt sich die Hüfte, auf die er geknallt war, und sah mit einer Mischung aus Verwirrung und Angst zu ihm hoch.

»Wie hast du das gemacht? Und wo kommst du so plötzlich her?«

»Das geht dich nichts an«, knurrte Nick. Er trat einen weiteren Schritt auf Clifford zu und ballte drohend die Fäuste. »Aber lass es dir eine Lehre sein. Ich werde genau das Gleiche wieder tun, wenn du Carol noch einmal zu nahe kommst.«

»Ist ja schon gut«, sagte Clifford und rappelte sich auf. »Ich wollte doch nur ein bisschen Spaß haben.«

»Interessante Definition von Spaß. Und jetzt verzieh dich.«

Clifford hob abwehrend die Hände. Dann machte er auf dem Absatz kehrt und humpelte aus dem Saal. Nick wandte sich zu Carol um. Sie stand ein paar Schritte hinter ihm und hatte die Hände in die Hüften gestemmt.

»Spinnst du?«, fragte sie ihn wütend.

»Wie bitte?« Nick starrte sie verblüfft an.

»Ich wäre sehr wohl selbst in der Lage gewesen, mir dieses Arschloch vom Hals zu halten. Aber du musstest dich ja unbedingt als der große Retter aufspielen!«

Nick verstand die Welt nicht mehr. Was sollte das denn jetzt?

»Ich glaube, *du* spinnst«, entgegnete er entrüstet. »Ich hab gesehen, wie er dich gegen die Wand gedrückt hat, und bin stinksauer geworden. Ich wollte nur helfen.«

Carol atmete tief durch. »Hast ja recht. Tut mir leid.«

Nick winkte ab. »Schon gut.«

»Was tust du eigentlich hier?«, fragte Carol.

Nick schlug sich mit der flachen Hand an die Stirn. »Mensch, hätte ich beinahe vergessen. Faber sucht dich. Sein Laptop ist abgestürzt.«

»Wunderbar.« Carols Gesicht hellte sich auf. »Das ist jetzt genau das Richtige, um mich auf andere Gedanken zu bringen.«

Nick grinste. Carol war vermutlich der einzige Mensch auf der Welt, der einem abgestürzten Computer etwas Positives abgewinnen konnte. »Dann los. Wenn Faber keine Daten mehr hat, kommt er am Ende noch auf die Idee, die Tagung abzusagen und hierzubleiben.«

Nick und Carol sprangen von der Bühne, liefen den Gang hinauf zur Tür und verließen den Kinosaal. Den Schatten, der sich in der obersten Reihe noch einmal tiefer zwischen die Sitze duckte, bemerkten sie beide nicht.

Ein Knall ertönte. Funken stoben auf und verglühten am dunklen Nachthimmel. Jemand hatte einige Scheite Holz nachgelegt, und das Lagerfeuer, um das sie saßen, prasselte und knackte munter vor sich hin. Nick starrte gebannt in das Glimmern und Flackern der Flammen und bewunderte das unaufhörliche Farbenspiel zwischen Gelb, Orange und Rot.

Die Szenen des Tages waren erfolgreich abgedreht. Nach dem Abendessen hatte jemand vorgeschlagen, ein Lagerfeuer zu machen, was bei den meisten auf große Begeisterung gestoßen war. Regisseur, Aufnahmeleiter und Kameramann waren nicht mit dabei, und voller Genugtuung hatte Nick zur Kenntnis genommen, dass auch Clifford nach kurzem Zögern abgewunken und sich in den Trailer verzogen hatte, den sich einige Statisten teilten.

Nick ließ seinen Blick durch die Runde schweifen. Die meisten schauten genau wie er dem Spiel der Flammen zu. Einige unterhielten sich, und vor ein paar Minuten hatte der Produktionsassistent eine Gitarre hervorgeholt und begleitete die entspannte Stimmung mit leiser Musik. Schräg gegenüber von ihm saßen Jack und die Zwillinge. Während

Paula auffällig nah an Jack herangerückt war und die beiden immer wieder die Köpfe zusammensteckten und miteinander tuschelten, saß Petra ein wenig abseits und starrte missmutig ins Feuer. Nick hatte die Zwillinge in den letzten Jahren als nett, aber auch ziemlich sonderlich und reserviert kennengelernt. Doch in Jacks Gegenwart taute Paula regelrecht auf. Petra hingegen schien gar nicht damit klarzukommen, dass sich zwischen Jack und Paula etwas anbahnte. Sie war noch schweigsamer als sonst und strahlte eine derart schlechte Laune aus, dass man sich gar nicht traute, sie anzusprechen. Nick konnte verstehen, was in ihr vorging, und wenn er sie so einsam und verloren dasitzen sah, tat sie ihm fast ein bisschen leid. Aber sie würde sich wohl oder übel damit abfinden müssen, dass ihre Schwester gerade auf dem besten Weg war, sich zu verlieben.

Ein paar Plätze neben Petra saßen Carol und Direktor Faber. Carol hatte nur wenige Minuten gebraucht, um Fabers Laptop wieder hochzufahren, woraufhin der Direktor ihr ewige Dankbarkeit geschworen hatte. Jetzt diskutierten sie über die letzte Saison der Berliner Eisbären – denn wie sie vor einiger Zeit zufällig herausgefunden hatten, waren sie beide große Eishockey-Fans.

»Ist hier noch frei?«

Nick fuhr herum. Hinter ihm stand Miley und deutete auf den Stuhl neben ihm. Nicks Herz machte einen Sprung. »Ja, klar. Setz dich.« Wenn er sich bis eben noch angenehm entspannt und fast ein bisschen schläfrig gefühlt hatte, so machte ihn Mileys Frage mit einem Schlag hellwach.

Lächelnd ließ Miley sich in den Stuhl plumpsen. »Puh, was für ein Tag.«

Nick betrachtete die Schauspielerin verstohlen. Sie hatte während des Drehs einen sehr ehrgeizigen Eindruck gemacht. Umso überraschter war er, dass sie nicht wie Jasper früh zu Bett gegangen war, sondern sich noch zu ihnen – zu ihm, korrigierte Nick sich – ans Feuer setzte. Während der Szenen am Nachmittag hatte sie öfter ein Take abgebrochen, weil sie mit ihrer Leistung nicht zufrieden gewesen war, und hatte ab und zu gebeten, den Scheinwerfer anders auszurichten, um besser ausgeleuchtet zu werden. Am Set hatte sie damit für einiges Augenrollen gesorgt, und Nick war sicher, ein paar Mal das Wort »Zicke« gehört zu haben. Er fand es jedoch vollkommen nachvollziehbar, dass sie den Anspruch hatte, das Beste aus sich herauszuholen.

Ihm fiel auf, dass er Miley schon eine ganze Weile schweigend anstarrte. Hastig sagte er irgendwas, um nicht unhöflich zu wirken.

»Du hattest ganz schön viele Szenen heute Nachmittag.« Wahnsinnig intelligenter Satz!

»Allerdings«, erwiderte Miley. »Der Drehplan ist ziemlich straff.«

»Wie kannst du dir bloß den ganzen Text merken?«

Miley lachte. »Das frage ich mich auch jedes Mal. Aber wenn ich mir den Text kurz vor der Szene reinpauke, klappt's meistens ganz gut.« Nach einer kurzen Pause fragte sie: »Stimmt es, dass du ein echter Agent beim deutschen Geheimdienst bist?«

»Ja. Genau genommen bin ich noch in der Ausbildung. Aber mehr darf ich dir dazu leider nicht sagen.«

»Schade«, erwiderte Miley bedauernd.

Sie sahen eine Weile lang schweigend ins Feuer. Nick suchte fieberhaft nach einem unverfänglichen Gesprächsthema. Ob er ihr ein Kompliment machen sollte? Oder war das zu plump? Warum war er bloß so verdammt nervös?

»Warst du schon einmal an einem Set?«, fragte Miley.

Nick schüttelte den Kopf. »Nein, ist das erste Mal. Aber ich finde es total cool. Und du? Ist das deine erste große Hollywood-Produktion?«

»Ja, im Prinzip schon. Bisher habe ich nur in Kinderfilmen mitgespielt oder fürs Fernsehen gedreht.« Miley seufzte. »Ehrlich gesagt habe ich mir das Ganze etwas anders vorgestellt.«

»Wie meinst du das?«, fragte Nick verdutzt.

»Ach, ich weiß auch nicht. Seit ich denken kann, werde ich als das süße kleine Mädchen abgestempelt. Ich war vier, als ich das erste Mal vor der Kamera stand, und seitdem kam eine Rolle nach der anderen. Aber ich habe das Image des braven Mädchens satt. Ich will anspruchsvollere Rollen spielen.« Sie strich sich gedankenverloren eine Strähne aus dem Gesicht, starrte ins Feuer und schwieg.

Nick ließ ihr einen Augenblick Zeit, doch als sie keine Anstalten machte, weiterzusprechen, hakte er nach: »Und warum glaubst du, dass dir das mit diesem Film nicht gelingt?«

Miley zuckte mit den Schultern. »Die Rolle ist im Grunde

total cool. Toughe Junior-Agentin rettet die Welt. Ich fand das zuerst ein bisschen übertrieben, aber anscheinend ist das gar nicht so unrealistisch.« Sie sah ihn an und lächelte.

Nick deutete zu Carol, die mit Faber immer noch angeregt über die letzte Eishockey-Saison diskutierte. Eher beiläufig bemerkte er, dass der Direktor dabei öfters zu Jack und Paula hinübersah. Seinem Gesichtsausdruck nach zu urteilen, fiel ein Flirt mit dem Stuntman eindeutig in die Kategorie »Dummheiten machen«. »Du solltest dich mal mit Carol unterhalten«, sagte er. »Sie hat auch schon das ein oder andere Mal die Welt gerettet.«

»Ich möchte mich aber viel lieber mit dir unterhalten«, entgegnete Miley und warf ihm einen schwer zu deutenden Blick zu.

Nick spürte, wie ihm das Blut in die Wangen schoss. Er versuchte, sich seine Verlegenheit nicht anmerken zu lassen, und erwiderte Mileys Blick. Ihre dunklen Locken fielen bis weit über die Schultern und schienen in dem flackernden Licht auf und ab zu hüpfen, während sich in ihren mandelförmigen Augen die Flammen spiegelten.

Ihm fiel auf, dass er erneut Gefahr lief, sie einfach nur anzustarren. Also zwang er sich, eine weitere Frage zu stellen. »Wenn es nicht die Rolle ist, die dich stört – was ist es dann?«

Mileys Gesichtszüge verdüsterten sich. »Ich weiß auch nicht. Manchmal habe ich das Gefühl, dass hier einige nicht sonderlich viel von ihrem Job verstehen. Costa zum Beispiel macht wirklich seltsame Kameraeinstellungen. Und Steven hat null Komma null Einfühlungsvermögen.« Sie hatte sich so in Rage geredet, dass sich bereits einige Köpfe in ihre Richtung drehten. Deswegen hielt sie kurz inne und atmete tief durch. Dann fuhr sie flüsternd fort: »Und Rudy, der Aufnahmeleiter, ist ein absolutes Arschloch. Er hat mir vorgeworfen, den Dreh zu behindern, obwohl ich nur auf ein paar offensichtliche Fehler hingewiesen habe. Er hat mich angeschrien und dann einfach stehen lassen. So etwas lasse ich mir nicht gefallen, also bin ich ihm nachgegangen. Er ist in einem der Regiewagen verschwunden, und ich bin ohne anzuklopfen hinterhergestapft. Zugegeben, das war nicht ganz okay, aber ich war einfach so wütend. Das war allerdings nichts im Vergleich zu Rudys Reaktion. Meine Güte, ist der ausgeflippt. Er hat sich gerade zusammen mit zwei anderen Typen über einen Lageplan oder so gebeugt. Sah ein bisschen aus wie hier vom Stützpunkt. Als ich die Tür geöffnet habe, haben die mich angesehen, als wäre ich ein Geist. Die waren alle vollkommen entsetzt. Und dann hat Rudy mir die Tür vor der Nase zugeschlagen und gesagt, ich hätte hier nichts zu suchen. So ein Mistkerl!«

In ihren Augen blitzte es vor Wut. Nick konnte sich gut vorstellen, dass zu diesem Thema noch nicht das letzte Wort gesprochen war. Und wenn Miley Rudy morgen zur Rede stellte, wollte er lieber nicht in der Haut des Aufnahmeleiters stecken.

Mit einem Mal schien Mileys Wut zu verpuffen und einer gewissen Niedergeschlagenheit zu weichen. »Ich habe echt Schiss, dass ich mir mit diesem Film meine Karriere versaue. Heutzutage ist man mit einem Flop schnell weg vom

Fenster. Meine Agentin hat mir zwar versichert, dass das die perfekte Chance sei, das Image als Kinderstar abzuschütteln und endlich als Schauspielerin ernst genommen zu werden. Aber wenn der Film tatsächlich so schlecht umgesetzt wird, wie ich befürchte, will ihn am Ende niemand sehen.« Sie seufzte.»Wenn meine Agentin hier wäre, würde sie mit Sicherheit etwas unternehmen. Ich kann sie noch nicht einmal anrufen, weil ich keinen Empfang habe.« Sie sah wieder ins Feuer. Gerade hatte wieder jemand Holz nachgelegt, und die Flammen züngelten hoch hinauf in den Himmel.

»Dass meine Agentin nicht hier ist, hat übrigens einen ganz entscheidenden Vorteil«, fuhr Miley fort. Sie wandte sich zu ihm um und griff unvermittelt nach seiner Hand. »Ich habe endlich mal keinen Aufpasser dabei.« Sie legte den Kopf schief und lächelte ihm aufmunternd zu.

Nicks Puls begann zu rasen. War das eine Aufforderung, sie zu küssen? Ein flüchtiger Blick auf Faber zeigte ihm jedoch, dass auch Miley und er inzwischen die Aufmerksamkeit des Direktors erregt hatten, der stirnrunzelnd in ihre Richtung sah. Widerstrebend löste Nick seine Hand aus Mileys.»Das nennt man wohl Pech«, sagte er bedauernd.»Leider habe *ich* einen Aufpasser dabei.«

Miley folgte seinem Blick.»Oh. Ich verstehe«, erwiderte sie ebenso bedauernd.»Wirklich zu dumm.«

»Ja. Finde ich auch.«

Sie blieben noch eine Weile lang schweigend nebeneinander sitzen, wichen jedoch dem Blick des jeweils anderen verlegen aus. Nick sah sich im Rund des Feuers um und stellte fest, dass sich eine allgemeine Aufbruchstimmung breitgemacht hatte. Carol und Petra waren bereits gegangen, und Faber starrte derart demonstrativ in Paulas und Jacks Richtung, dass die beiden, die inzwischen Händchen hielten und die Köpfe dicht zusammengesteckt hatten, sich schließlich genötigt sahen, sich ebenfalls voneinander zu verabschieden.

»Ich gehe auch schlafen«, sagte Miley. Sie erhob sich, hielt dann aber inne und berührte flüchtig Nicks Hand. »Es war ein schöner Abend. Vielleicht … ergibt sich ja in den nächsten Tagen noch eine Gelegenheit.«

Nick dachte daran, dass Faber am nächsten Tag nach Las Vegas fliegen würde. »Ganz bestimmt sogar«, erwiderte er und lächelte.

Nick schreckte hoch und knallte mit dem Kopf an die Decke. Im ersten Moment wusste er nicht, wo er war. Er rieb sich die schmerzende Stirn und sah sich orientierungslos in der Dunkelheit um, bis die Erinnerung zurückkehrte. Der Stützpunkt, das Filmset, der Wohnwagen, in dem er mit Faber schlief. Irgendetwas musste ihn geweckt haben. Ein Geräusch. Er stützte sich auf die Ellbogen und horchte. Da war es wieder. Ein Schrei, draußen vor den Trailern, aber nicht ängstlich, sondern wütend. Kurz darauf schepperte etwas zu Boden.

Nick stieg die Leiter des Etagenbetts hinunter, streifte sich Hose und Pulli über und schlich zur Tür. Das tiefe Atmen aus dem Doppelbett am anderen Ende des Wohnwagens zeigte ihm, dass Faber nichts von dem Getöse draußen mitbekommen hatte.

Nick öffnete die Tür und sah hinaus. Die Quelle des Tumults war relativ einfach auszumachen. Vor einem Trailer etwa zwanzig Meter entfernt entdeckte er eine Gestalt, die dem Vernehmen nach einen ausgewachsenen Wutanfall hatte. Sie schleuderte alles durch die Gegend, was sie zu greifen bekam. Dann hob sie einen länglichen Gegenstand auf – offenbar eine Eisenstange – und begann, auf den Trailer einzuschlagen.

Vorsichtig näherte sich Nick der Gestalt. In der Dunkelheit konnte er die Situation nur bedingt überblicken, außerdem wusste er nicht, aus welchem Grund die Person derart ausrastete – vielleicht war Alkohol im Spiel, was die meisten Menschen unberechenbar machte. Aus den Augenwinkeln nahm Nick wahr, dass sich immer mehr Trailertüren öffneten und verschlafene Crew-Mitglieder ihre Köpfe herausstreckten.

Als er nur noch etwa fünf Meter entfernt war, schrie die Person – eine Frau, wie Nick jetzt erkannte – erneut auf und schlug mit aller Kraft auf eins der Fenster ein, das schließlich mit lautem Klirren zu Bruch ging. Dann wandte sie sich zu ihm um. Blasses Mondlicht spiegelte sich in mandelförmigen Augen.

Nick erstarrte. »Miley?«, fragte er verblüfft.

Die Frau reagierte nicht, als hätte sie ihn gar nicht gehört. Mit der Eisenstange in der Hand sah sie sich nach einem weiteren Gegenstand um, auf den sie einschlagen konnte. Nick verfluchte die Dunkelheit. Er konnte einfach nicht richtig erkennen, was hier los war. Das bisschen Mondlicht half ihm nicht. Aber offenbar schien keine weitere Person an dem Zwischenfall beteiligt zu sein. Nick ging ein paar Schritte auf die junge Schauspielerin zu. »Miley, was ist los?«

Kurz bevor er sie erreicht hatte, drehte Miley sich zu ihm um und hob angriffsbereit die Eisenstange. Das dunkle Haar hing ihr zerzaust ins Gesicht, und ihr Atem ging stoßweise.

Nick wich ein Stück zurück und hob abwehrend die Hände. »Schon gut. Ich tu dir nichts.« Als Miley ihn mit leerem Blick anstarrte, fügte er hinzu: »Ich bin's, Nick.«

Miley zeigte immer noch keine Reaktion, und ihr Blick schien direkt durch ihn hindurchzugehen. Noch während Nick fieberhaft nach einer Strategie suchte, wie er zu Miley durchdringen konnte, tat sie etwas, womit er trotz allem nicht gerechnet hätte – sie schlug zu.

Mit einem leisen Pfeifen sirrte die Eisenstange durch die Luft. Nick duckte sich in letzter Sekunde unter dem Schlag hindurch. Blitzschnell drehte er sich zur Seite, richtete sich wieder auf und stand nun hinter Miley, die von der Wucht des eigenen Schlags mitgerissen worden war und ihr Gleichgewicht wiederfinden musste. Nick nutzte diesen Augenblick aus, packte sie mit einem Arm von hinten und schlug ihr mit dem anderen die Eisenstange aus der Hand. Er versuchte, dabei so sanft wie möglich vorzugehen, aber Miley wehrte sich mit aller Kraft. Sie schlug und trat derart heftig um sich, dass Nick sich schließlich gezwungen sah, ihr beide Arme auf den Rücken zu drehen.

Plötzlich entstand Bewegung um ihn herum. Wie aus dem Nichts erschienen die zwei Sanitäter neben ihm, die am Vormittag bereits Derek ins Krankenhaus gebracht hatten. Einer packte Mileys Arm, der andere stach ihr eine Spritze in die Schulter.

Es war, als hätte jemand einen Schalter umgelegt. Mit einem Schlag verebbte Mileys Gegenwehr, ihre Glieder erschlafften, und ihre Knie gaben nach. Vorsichtig legte Nick sie auf dem Boden ab, wo sie schwer atmend liegen blieb. Ihre Augen waren offen, doch ihr Blick blieb seltsam abwesend, was durchaus auch von dem Mittel kommen konnte, das die Sanitäter ihr gespritzt hatten.

»Miley, um Himmels willen, was ist denn los?«, fragte Nick und beugte sich zu ihr hinunter. Doch Miley reagierte immer noch nicht.

»Gib dir keine Mühe«, sagte einer der Sanitäter, ein großer blonder Hüne mit Vollbart. »Die ist für die nächste Stunde ausgeknockt.«

»Musste das sein?«, fragte Nick verärgert.

»Was hättest du denn vorgeschlagen?«, entgegnete der Sanitäter. »Dass sie hier fröhlich weiter die Wohnwagen zerlegt?«

»Ich hatte die Situation im Griff.«

»Mag ja sein, aber wir haben unsere Anweisungen«, erwiderte der Blonde ungerührt.

»Was soll das heißen?«

»Wir sollen die Kleine augenblicklich nach Rancho Mirage bringen, wenn sie Probleme macht.« Er deutete auf die zerbeulte Wand und das gesplitterte Fenster des Trailers. »Und genau das scheint der Fall zu sein.«

»Nach Rancho Mirage?«, fragte Nick. »Was ist das?«

Doch er erhielt keine Antwort. Der zweite Sanitäter schob ihn unsanft zur Seite. Gemeinsam hoben die Männer Miley auf eine Trage, schnallten sie fest und trugen sie in Richtung Krankenwagen. Kurz darauf startete der Motor, und die Männer fuhren mit Miley davon.

Bestürzt blickte Nick den Rücklichtern nach, bis sie in der Dunkelheit verschwunden waren. Was war bloß in Miley gefahren? Und wer oder was war Rancho Mirage?

Als sich eine Hand auf seine Schulter legte, zuckte er zusammen. Er drehte sich um. Carol stand hinter ihm und sah ihn mit einer Mischung aus Verwirrung und Mitgefühl an. »Alles in Ordnung?«, fragte sie besorgt.

Nick schüttelte den Kopf. »Nicht wirklich.«

»Hat sie dich getroffen? Bist du verletzt?«

»Nein, nein, mir geht's gut«, erwiderte Nick hastig. »Ich verstehe nur nicht, was hier gerade vor sich gegangen ist.«

Er sah sich um und bemerkte, dass sich fast die gesamte Crew versammelt und das Geschehen verfolgt hatte. Nachdem es nichts mehr zu sehen gab, begannen jedoch die Ersten, sich wieder in ihre Trailer zurückzuziehen.

»Wir sollten ins Bett gehen«, sagte Carol. »Heute Nacht finden wir ohnehin nicht raus, was passiert ist. Vielleicht wissen wir morgen mehr.«

Nick blickte missmutig zu Boden. »Du hast recht. Gehen wir schlafen.«

Als Nick den Trailer betrat, schlug ihm leises Schnarchen entgegen. Offenbar hatte Faber nichts von dem Vorfall mitbekommen, der sich nur wenige Meter von ihm entfernt ereignet hatte. Das nannte er einen gesegneten Schlaf.

Nachdenklich zog Nick Hose und Pulli aus, kletterte zurück ins obere Bett und starrte noch lange an das dunkle Wohnwagendach knapp über ihm, bevor die Müdigkeit die Oberhand gewann und ihm endlich die Augen zufielen.

Verstohlene Blicke folgten Nick vom Frühstücksbuffet bis zum Tisch. Er stellte sein Tablett mit Marmeladenbrot und O-Saft ab und ließ sich neben Carol auf die Bank sinken.

Im Catering-Zelt herrschte nur noch mäßiger Betrieb, da in einer halben Stunde die erste Szene gedreht werden sollte. Die wenigen Verbliebenen sahen immer wieder in Nicks Richtung und steckten tuschelnd die Köpfe zusammen. Paula und Petra, die ihm gegenübersaßen, registrierten die Blicke ebenfalls.

»Du bist eine Berühmtheit geworden«, bemerkte Paula.

»Immerhin hat er heute Nacht Miss Disney Club in Schach gehalten«, sagte Petra.

»Was ihn zum Gesprächsthema Nummer eins macht«, ergänzte Paula.

»Irgendetwas stimmte nicht mit Miley«, entgegnete Nick gereizt. »Sie wirkte beinahe wie weggetreten.«

»Und ich weiß auch, woran das lag«, sagte Paula.

»Heute Morgen wurde eine Flasche Wodka in ihrem Trailer gefunden«, erklärte Petra. »Halb leer.«

Nick machte große Augen. Miley war betrunken gewesen? Das war doch vollkommen absurd.

»Sie hatte offenbar schon früher Probleme mit Alkohol«, fuhr Paula fort. »Deswegen wurde sie auf direktem Weg nach Rancho Mirage gebracht.«

»Was ist denn dieses Rancho Mirage?«, hakte Nick nach. »Das haben die Sanitäter gestern Nacht auch erwähnt.«

»Ein kleiner Ort in der Nähe von Palm Springs. Dort befindet sich die Betty-Ford-Klinik.«

»Betty-Ford-Klinik?« Nick verstand nur Bahnhof.

»Ist das nicht die berühmte Entzugsklinik, in der die ganzen Stars ihren Drogenentzug machen?«, warf Carol ein.

»Genau die«, bestätigte Paula.

»Tja«, meinte Petra leichthin, »wieder ein Kinderstar, der erwachsen wird.«

»Kaum fliegen ihnen die Sympathien nicht mehr von selbst zu, weil sie so klein und niedlich sind, brechen sie unter dem Druck zusammen. Typisch.« Wie immer beendete Paula den Gedankengang ihrer Schwester.

»Woher wollt ihr das wissen?«, herrschte Nick sie an. »Ihr kennt sie doch überhaupt nicht.«

»Stimmt, tun wir nicht. Genau wie du – auch wenn du das gerne ändern würdest.« Nick nahm schon gar nicht mehr wahr, ob die Bemerkung von Petra oder Paula kam.

»Sie war zwar frustriert, aber nicht so sehr, dass sie gleich eine halbe Flasche Wodka wegkippt. Es muss irgendetwas passiert sein, das den Wutanfall ausgelöst hat.«

»Alkoholiker brauchen keinen Anlass, um mit dem Trinken anzufangen.«

Nick beschloss, die Sticheleien der Zwillinge zu ignorieren, und schob den Frühstücksteller von sich weg. Ihm war der Appetit vergangen.

»Guten Morgen allerseits.« Jack trat zu ihnen an den Tisch und ließ sich mit einem charmanten Lächeln neben Paula nieder. Petra verdrehte die Augen und schnaubte leise. Nick war sich sicher, dass ihre ohnehin miese Laune gerade noch weiter gesunken war.

»Habt ihr schon gehört?«, fragte Jack und nippte an einem giftgrünen Spinat-Smoothie. Nick war schleierhaft, wie man davon auch nur einen Schluck runterbekam.

»Das mit Miley? Klar, ist ja rumgegangen wie ein Lauffeuer«, erwiderte Paula.

»Wir fragen uns gerade, wie es dazu kommen konnte«, sagte Carol und fügte mit einem Blick auf Nick hinzu: »Unabhängig von der halb leeren Wodkaflasche.«

»Ich habe mich vorhin mit Jasper unterhalten«, sagte Jack. »Sein Trailer steht direkt neben Mileys. Er war noch ziemlich lange wach und hat seinen Text gelernt, und er ist sich sicher, dass kurz vor dem Vorfall Mileys Handy geklingelt hat.«

»Das kann nicht sein. Hier gibt es doch keinen Empfang«, wandte Paula ein.

»Vielleicht hat sie ein Satellitentelefon«, bemerkte Petra spitz.

»Oder einen super Provider, der selbst hier draußen noch Netz hat.«

»Aber wer sollte so spät am Abend noch anrufen?«, fragte Carol.

»Vielleicht ihre Agentin?«, mutmaßte Jack. »Der Regisseur war offenbar gar nicht zufrieden mit Mileys Leistung. Ich habe ihn gestern Abend ganz offen darüber sprechen hören, dass er sie durch jemand anderen ersetzen will, bevor zu viele Szenen mit ihr gedreht wurden. Möglicherweise hat er das ihrer Agentin mitgeteilt, und die hat dann Miley angerufen.«

Nick schüttelte den Kopf. Das durfte doch alles nicht wahr sein. Er hatte Mileys Leistung als sehr engagiert und authentisch empfunden. Wie konnte ein gestandener Regisseur das so vollkommen anders bewerten? Und war das wirklich Grund genug für Miley, derart auszurasten?

Nachdem Jack den Grünzeug-Smoothie leer getrunken hatte, begleiteten sie ihn ans Set. Er hatte zwar noch etwas Zeit bis zu seinem ersten Einsatz, verabschiedete sich aber bereits von ihnen, um sich in Ruhe vorzubereiten. »Das wird eine der spektakulärsten Szenen, die je ohne Hilfe von Spezialeffekten gedreht wurden«, verriet er. Weitere Einzelheiten waren nicht aus ihm herauszukriegen. »Lasst euch überraschen«, sagte er nur, zwinkerte ihnen zu und verschwand in Richtung Rollfeld.

Am Set herrschte die übliche Betriebsamkeit kurz vor Drehbeginn. Offenbar sollte der Zeitplan trotz der nächtlichen Ereignisse eingehalten werden.

»Wirklich erstaunlich«, meinte Carol und sah sich um. »Ich hätte gedacht, dass der Dreh erst mal verschoben wird, wenn urplötzlich die Hauptdarstellerin ausfällt.«

»Schaut mal, da«, sagte Petra und deutete auf Steven, der

gerade mit einem Megafon auf einen Requisitenkasten kletterte. »Sieht nach was Offiziellem aus.«

Die Crew versammelte sich um den Regisseur, und auch die vier Agenten traten näher.

»Guten Morgen, Leute«, rief Steven. »Ihr habt ja sicher mitbekommen, dass Miley gestern Nacht einen kleinen … Zwischenfall hatte. Das ist bedauerlich, aber das wird uns nicht davon abhalten, unseren Film weiterzudrehen.« Er sah zur Seite und bedeutete jemandem, zu ihm auf die Kiste zu kommen. Ein Mädchen in Mileys Alter, mit gleicher Statur und den gleichen dunklen Locken, kletterte zu ihm hinauf, sah mit strahlendem Lächeln in die Runde und winkte aufgeregt.

»Das ist Sandy. Sie wird den Part von Miley übernehmen. Es ist ihr erster großer Film, also seid nett zu ihr und helft ihr, sich zurechtzufinden. Sandy, vielen Dank, dass du so kurzfristig eingesprungen bist. Ich finde, das ist einen kleinen Applaus wert.«

Die Crew applaudierte verhalten. Sandy kicherte nervös und winkte erneut.

»Ich fass es nicht«, entfuhr es Nick. »Sie tauschen Miley einfach aus? Und so schnell?!«

»Was habt ihr denn gedacht?«, erklang eine hämische Stimme neben ihm. Nick wandte den Kopf und blickte in Rudys wässrig graue Augen. Er hatte nicht bemerkt, dass der Aufnahmeleiter zu ihnen getreten war, und wich unwillkürlich einen Schritt zurück. Der Typ war ihm maximal unsympathisch. »Wir sind hier in Hollywood«, fuhr Rudy fort.

»Da gibt es Schauspieler wie Sand am Meer. Jeder ist ersetzbar.«

»Aber es wurden doch schon Szenen mit Miley gedreht«, wandte Paula ein. »Müssen die jetzt alle wiederholt werden?«

»Abwarten«, erwiderte Rudy. »Vielleicht kriegt es die Post Production auch mit einer Montage hin. Wäre nicht das erste Mal. Aber das ist wirklich nicht euer Problem.«

Sandy und Steven waren inzwischen von der Kiste heruntergeklettert, und die Crew zerstreute sich langsam.

Rudy wandte sich an Nick. »Ich bin wegen dir hier, Nader. Steven braucht deine Hilfe bei einer Szene. Du sollst Jasper ein paar Griffe zeigen.« Ohne Nicks Reaktion abzuwarten, stapfte der Aufnahmeleiter davon.

»Sollen wir auch mitkommen?«, rief Carol ihm nach.

»Nein«, erwiderte Rudy über die Schulter. »Und jetzt mach mal ein bisschen Tempo, Nader. Wir haben nicht den ganzen Tag Zeit.«

Steven, Rudy, Jasper und Nick hatten sich hinter eine Lagerhalle zurückgezogen. Dort sollte Nick mit Jasper Bewegungen für eine Zweikampfszene einstudieren, an deren Ende Jasper dem Angreifer eine Spritze mit einem Betäubungsmittel in den Hals stach. Der Regisseur hatte vorgeschlagen, dass Nick zur Veranschaulichung erst einmal selbst vorführte, wie er dabei vorgehen würde. Er nahm einen Plastikbeutel aus einem Requisitenkoffer, öffnete ihn und hielt ihn Nick hin. Der griff hinein und holte eine kleine, schlanke Spritze heraus.

»Der Kampf muss richtig authentisch rüberkommen, also bloß keine falsche Zurückhaltung«, sagte Steven.

Nick betrachtete die Spritze und tippte an die silbern glänzende Kanüle. »Mit einer echten Nadel?«, fragte er erstaunt.

»Natürlich nicht, das Verletzungsrisiko wäre viel zu groß«, erwiderte Steven. »Dafür haben wir spezielle Spritzen mit versenkbarer Nadel.«

»Die hier lässt sich aber nicht versenken.«

»Hoppla«, machte Steven und grinste verlegen. »Falscher Beutel. Die echte Spritze brauchen wir für die Großaufnahmen.« Er hielt Nick den Beutel erneut hin, der daraufhin die Spritze wieder hineinlegte. Steven holte einen weiteren, ähnlich aussehenden Beutel aus dem Koffer und holte eine zweite Spritze hervor, die der ersten bis zur Nadelspitze glich.

»Hier. Das ist jetzt aber die richtige.«

»Wer spielt denn eigentlich den Angreifer?«, fragte Nick.

In diesem Moment bog eine weitere Person um die Ecke der Lagerhalle. Nick traute seinen Augen nicht, als er ausgerechnet Clifford gegenüberstand. Und auch bei Clifford hielt sich die Freude in Grenzen bei der Aussicht, von Nick in die Mangel genommen zu werden.

Rudy klatschte in die Hände. »Also los, Nader, dann zeig mal, was du draufhast.«

Aufnahmeleiter, Regisseur und Hauptdarsteller zogen sich an die Wand der Lagerhalle zurück, sodass Nick ausreichend Platz blieb, um Clifford anzugreifen. Er versuchte, sich seine Abneigung gegenüber dem Statisten nicht anmerken zu lassen, aber er würde ihn ganz sicher nicht mit Samthandschuhen anfassen.

Nick überlegte kurz, welche Methode er am besten anwendete, wobei er aus einem schier unendlichen Repertoire schöpfen konnte. In einem seiner Lieblingsfächer, *Aktive und passive Nahkampftechniken*, wurden ihnen Angriffs- und Verteidigungsmethoden für jede erdenkliche Situation beigebracht. Nick hatte den Fortgeschrittenenkurs letztes Jahr als Zweitbester absolviert. Es gab die eleganten Griffe, die so rasch und geschickt ausgeführt wurden, dass das Gegenüber meist gar nicht begriff, was gerade geschehen war. Und es gab die Haudrauf-Methoden, die zwar rabiater, aber nicht weniger effektiv waren – und auf der Leinwand mit Sicherheit besser zur Geltung kamen.

Nick überließ zunächst dem Statisten das Feld. Er ließ ihn einige Angriffe ausführen, die er allesamt mühelos abwehrte. Bei einem schrecklich vorhersehbaren Versuch, ihn mit einem rechten Haken zu treffen, duckte Nick sich zur Seite, hob das Knie und rammte es Clifford in die Nierengegend. Der Statist krümmte sich stöhnend zusammen. Mit drei schnellen Schritten drehte Nick sich so, dass er hinter ihm zum Stehen kam. Dann packte er Cliffords Arm, riss ihn daran in die Höhe, zog mit einer fließenden Bewegung die Spritze aus der Hosentasche und schlug sie Clifford gegen den Hals. Tatsächlich durchstach die Nadel nicht die Haut, sondern zog sich in den Hohlraum zurück, trotzdem schrie Clifford erschrocken auf. Nick ließ ihn los, woraufhin er sich die Hand an den Hals presste und zu Boden sank.

»Wunderbar!«, rief Steven begeistert und lief zu den beiden. »Genauso soll es im Film rüberkommen.«

»Verdammt, musste das so grob sein?«, stieß Clifford krächzend hervor und rappelte sich mühsam wieder auf. Er hielt sich abwechselnd Arm und Hals und starrte Nick wütend an.

Steven klopfte erst Nick, dann Clifford auf die Schultern. »Ganz hervorragend, Jungs. Und jetzt zeigst du Jasper, wie du das gemacht hast, Nick. Vielleicht lassen wir die Spritze erst mal weg, sonst hat unser Opfer schon blaue Flecken, bevor wir die Szene abgedreht haben.«

Clifford schnaubte abfällig, stellte sich aber gehorsam in Position, damit Jasper die einzelnen Bewegungen üben konnte, die Nick ihm vormachte. Jasper entpuppte sich als gelehriger Schüler, und nach wenigen Durchläufen waren sowohl Nick als auch Steven zufrieden.

»Wunderbar«, sagte der Regisseur erneut und klatschte in die Hände. »Jetzt bringen wir das Ganze auf Film.«

Sie gingen einen schmalen, mit allerlei Gerümpel vollgestellten Gang zwischen zwei Schuppen hindurch zurück zum Set. Nick kniete sich kurz hin, um seinen Schnürsenkel neu zu binden. Dann folgte er den anderen. Plötzlich schepperte es hinter ihm. Erschrocken fuhr er herum. Ein Blecheimer war von einem Stapel mit Fässern gefallen, die an der Ecke der Lagerhalle aufgetürmt worden waren. Nick sah sich suchend um, entdeckte aber nichts, was den Fall des Eimers ausgelöst hatte. Er wollte gerade zu den Fässern zurückgehen, um sie eingehender zu untersuchen, als Rudys Stimme hinter ihm ertönte.

»Alte Agentenkrankheit, was? Hinter jedem umfallenden Eimer einen Spion vermuten.« Der Aufnahmeleiter lachte spöttisch. »Wenn du das Tier erledigt hast, das hier die Blechbüchsen umstößt, kannst du dich nach seinen Komplizen umschauen. Bestimmt handelt es sich um organisiertes Verbrechen.«

Nick atmete tief durch. Er hatte nicht vor, auf die Provokation einzugehen. Trotzdem spürte er, wie Ärger in ihm aufwallte. Wie konnte man nur so unausstehlich sein?

Nick würde Rudy nicht die Genugtuung gönnen, hinter

den Fässern nach einem Waschbären oder ein paar Ratten Ausschau zu halten. Er beschloss, den Eimer Eimer sein zu lassen, und folgte den anderen zum Set.

Auf diese Weise entging ihm der Schatten, der hinter den Fässern hervorhuschte und um die Ecke der Lagerhalle verschwand. Und ihm entging auch, dass dieser Schatten eindeutig nicht zu einem herumstreunenden Tier gehörte.

Nachdem die Szene mit Jasper und Clifford abgedreht war, folgte das Highlight des Tages: die Stuntszene mit Jack. Sie bildete auch gleichzeitig das Ende der Außenaufnahmen. Alle weiteren Dreharbeiten würden ab morgen in den Hollywood-Studios stattfinden.

Es sollte eine spektakuläre Verfolgungsjagd zwischen einem Auto und einem Flugzeug gedreht werden, an deren Ende Jack aus dem Flugzeug auf das fahrende Auto sprang und den Fahrer zum Anhalten zwang. Sämtliche Crew-Mitglieder, die ein bisschen Zeit erübrigen konnten, hatten sich am Rand des Rollfelds versammelt, um beim Dreh dabei zu sein. Auch Nick und die Mädchen waren unter ihnen. Gespannt beobachteten sie, wie die Cessna eine letzte Schleife am Himmel drehte und schließlich zum Landeanflug ansetzte.

Paula kaute angespannt auf ihren Fingernägeln herum.

»Keine Sorge«, meinte Carol und legte ihr beruhigend einen Arm um die Schulter. »Jack ist unglaublich fit. Ich hab ihn in Tibet in Aktion erlebt. Dem passiert schon nichts.«

Paula lächelte nervös. »Dein Wort in Gottes Ohr.«

Als die Cessna nur noch wenige Hundert Meter entfernt

war, gab Steven das Zeichen zum Start. »Kamera läuft!«, schallte es aus mehreren Richtungen, und auch Costa machte das Daumen-hoch-Zeichen. Er steuerte die Drohnenkamera, die die Szene aus der Luft filmte.

Am Ende der Rollbahn heulte der Motor des SUVs auf, als der Fahrer Gas gab und mit wachsender Geschwindigkeit über das Rollfeld raste, bis er sich schließlich auf gleicher Höhe mit dem Flugzeug befand. Die Cessna sank immer tiefer, bis sie nur wenige Meter über dem SUV über das Rollfeld fegte. Jetzt galt es! Die Tür der Maschine wurde aufgestoßen. Jack erschien in der Öffnung. Er hielt kurz inne, dann stieß er sich ab, machte einen gewaltigen Satz durch die Luft und landete mit einem hörbaren *Klonk* sicher auf dem gut sechs Meter tiefer liegenden Dach des Geländewagens. Nick hätte am liebsten laut gejubelt. Was für ein fantastischer Sprung!

»Cut! Cut, verdammt noch mal!«, rief Steven. Zu Nicks Überraschung klang er keineswegs erfreut, sondern verärgert. Während der SUV mit Jack auf dem Dach langsam zum Stehen kam und das Flugzeug auf dem Rollfeld aufsetzte, deutete Steven wild gestikulierend auf einen der Monitore. »Was soll das denn?!«

Auch Costa hatte sich fluchend erhoben und legte den Controller, mit dem er die Drohne gesteuert hatte, beiseite. »Ich kümmer mich drum.«

Verwundert beobachtete Nick, wie Costa zu einem der hölzernen Telefonmasten stapfte, die in regelmäßigen Abständen über den Stützpunkt verteilt waren. Als Nick sich den Mast genauer ansah, wusste er auch, warum: Ganz oben in den alten Telefonleitungen hatte sich die Drohne verfangen. Vermutlich war der Regisseur deswegen so verärgert gewesen – es war fraglich, ob die Drohne den Sprung von Jack überhaupt aufgezeichnet hatte.

Costa kletterte an den in den Mast eingelassenen Sprossen nach oben und begann, die Drohne aus den Leitungen zu entwirren, was eine lange Zeit in Anspruch nahm. Eine sehr lange. Nick beschlich ein komisches Gefühl. Irgendetwas stimmte da nicht. Während die anderen längst das Interesse an Costa verloren hatten und sich über den spektakulären Sprung von Jack unterhielten, ging Nick näher an den Mast heran. Seltsam. Statt an der Drohne schien sich der Kameramann an dem kleinen Verteilerkasten zu schaffen zu machen, der ebenfalls dort oben angebracht war. Nick runzelte die Stirn. Warum machte er das? Die Leitungen waren mit Sicherheit seit Jahrzehnten stillgelegt. Das Einzige, was sich noch in dem Kasten befand, waren ein paar korrodierte Kupferleitungen. In diesem Moment schloss Costa die Klappe des Kästchens, klemmte sich die Drohne unter den Arm und kletterte den Mast wieder herunter.

Rasch ging Nick zurück zu den anderen. Der Kameramann sollte nicht merken, dass er ihm nachspioniert hatte. Doch die Mädchen waren nicht mehr da. Suchend sah Nick sich um. Im Schatten eines Schuppens entdeckte er schließlich Petra, die auf einer Holzkiste saß und schmollte. Nick ging zu ihr und setzte sich neben sie. »Wo sind Paula und Carol?«

»Sie sind ausgezogen, um den großen Helden zu feiern«, erwiderte sie mürrisch und deutete mit dem Kopf zu einer Menschentraube, die sich um Jack gebildet hatte. »Und wo bist du hin verschwunden?«

»Ich hab nachgesehen, warum Costa so lange braucht, um die Drohne vom Mast zu holen.«

Petra runzelte die Stirn. »Warum interessiert dich das?«

»Weiß auch nicht. Irgendetwas hat mich stutzig gemacht. Tatsächlich hat er sich gar nicht um die Drohne gekümmert, sondern am Verteilerkasten herumgefummelt.«

»Oho«, machte Petra und riss übertrieben die Augen auf. »Dann steht uns jetzt bestimmt ein terroristischer Angriff bevor. Oder die Apokalypse. Wir sollten Faber bitten, ein SEK zu schicken.«

»Du hast ja glänzende Laune!«, stellte Nick verärgert fest. »Du könntest dich ruhig ein bisschen für deine Schwester freuen, anstatt hier miese Stimmung zu verbreiten.« Er wandte sich um und ließ Petra sitzen. Blöde Kuh! Während er zu den anderen hinüberging, überlegte er, ob nicht doch ein Funken Wahrheit in ihren Worten steckte. Vielleicht sah er wirklich Gespenster – beziehungsweise etwas Verdächtiges, wo überhaupt nichts war. Der Sturz von Derek gestern, Mileys Ausraster, der umgekippte Eimer von vorhin, Costa am Verteilerkasten … wahrscheinlich gab es für alles eine ganz einfache Erklärung. Tatsächlich hatte er mit dem Gedanken gespielt, Direktor Faber auf die Vorfälle anzusprechen, doch nun entschied er sich dagegen. Schließlich wollte er sich nicht lächerlich machen.

Er hatte sich gerade zu Jack und den anderen vorgearbeitet, als Steven über Megafon verkündete, dass die Stuntszene nicht wiederholt werden müsse und dass sämtliche Aufnahmen im Kasten seien. »It's a wrap! Wir sehen uns morgen in den Studios.«

Applaus brandete auf. In die allgemeine Freude mischte sich Rudys Stimme: »Bewegt euren Arsch, Leute. Aufräumen ist angesagt. Ich will, dass der Stützpunkt in drei Stunden aussieht, als wären wir nie da gewesen!«

»Kommt, helfen wir auch mit«, sagte Carol. »Wer die meisten Kabel aufwickelt, hat gewonnen.«

»Ungefähr so habe ich mir die Beratertätigkeit beim Film vorgestellt«, erwiderte Nick trocken.

Jack und Paula warfen einander verstohlene Blicke zu. »Paula und ich fangen da drüben an«, sagte Jack und deutete auf einen unbestimmten Punkt irgendwo zwischen den Hangars. Dann nahm er Paulas Hand und zog sie mit sich.

Carol lächelte amüsiert. »Irgendetwas sagt mir, dass die beiden den Kabelwettbewerb nicht gewinnen werden.« Dann stieß sie Nick den Ellbogen in die Seite. »Auf geht's. Der Verlierer gibt dem anderen ein Eis aus. Mit mindestens vier Kugeln.«

12

Paula kuschelte sich an Jack und genoss die beinahe feierliche Atmosphäre, die im Hangar herrschte. Staub tanzte in
den Sonnenstrahlen, die durch ein paar lose Bretter fielen,
und dann und wann wehte das schwache Geräusch von
Stimmen oder rangierenden Lastwagen zu ihnen herein. Sie
sah hoch an die Decke, wo ein Schwalbenpaar an einem
kleinen Überhang ein Nest gebaut hatte und seit Stunden
ein und aus flog, um den hungrigen Nachwuchs zu füttern.
Am liebsten hätte Paula die Zeit angehalten. Der Moment
war einfach perfekt.

Jack und sie hatten gar nicht vorgehabt, beim Zusammen-
packen zu helfen, sondern sich heimlich in den »verbotenen« Hangar geschlichen. In dem allgemeinen Trubel
würde sie so schnell niemand vermissen, und so blieb ihnen
genug Zeit, sich voneinander zu verabschieden. Jack fuhr
zwar ebenfalls zurück nach Hollywood, wurde aber bei den
Aufnahmen in den Studios nicht mehr gebraucht.

Sie waren zunächst durch den Hangar gestreift, hatten
sich die alten Flieger-Plakate angeschaut, die an der Wand
hingen, und die Spinde geöffnet, in denen die Ausrüstung
der Piloten aufbewahrt worden war. Als Jack im letzten

Spind einige alte Decken fand, machten sie es sich hinter einer Transportkiste auf einem improvisierten Deckenlager gemütlich. Paula hatte tausend Fragen an Jack, wollte alles über seine Vergangenheit als CIA-Agent und sein neues Leben als Stuntman wissen. Sie unterhielten sich lange über ihre Ausbildung zu Junior-Agenten und stellten fest, dass es gar keinen so großen Unterschied zwischen BND und CIA gab. Sie hatten dieselbe Vorliebe für Actionkomödien und mochten dieselben Schauspieler und schließlich diskutierten sie angeregt darüber, ob dieses Genre zu Recht von männlichen Hauptdarstellern dominiert wurde oder ob es viel mehr weibliche Actionstars geben sollte.

Sie waren so in das Gespräch vertieft, dass sie vollkommen die Zeit vergaßen. Plötzlich sah Jack auf die Uhr und sagte: »Wir sollten wieder zu den anderen gehen. Sonst fahren sie am Ende ohne uns nach Hause.«

Paula sah sich verwirrt um. »Ist es schon so spät?« Die Schatten, die das einfallende Sonnenlicht auf den Boden warf, waren ein gutes Stück weitergewandert, und die leisen Geräusche, die von den Aufräumarbeiten zu ihnen gedrungen waren, waren verstummt.

»Ich würde nichts lieber tun, als noch stundenlang hier mit dir zu sitzen«, erwiderte Jack. »Aber ich befürchte, dass dann ein Racheengel in Gestalt deiner Schwester über mich kommt.«

Paula lächelte. »Ach, die kriegt sich schon wieder ein.« Sie löste sich schweren Herzens aus Jacks Umarmung. Doch anstatt aufzustehen, kramte sie in der Bauchtasche herum, die sie bei sich trug, und förderte einen Kugelschreiber und ein zerknittertes Stück Papier zutage. Rasch schrieb sie ein paar Zahlen darauf und reichte es Jack. »Meine Telefonnummer. Falls … na ja, falls du mal zufällig in Berlin bist.«

Lächelnd nahm Jack den Zettel entgegen. »Danke. Ich wollte schon immer mal nach Berlin. Jetzt hab ich noch einen Grund mehr.«

Ihre Blicke trafen sich, und anders als bisher sah Paula nicht verlegen zur Seite, sondern beugte sich langsam auf Jack zu. In ihrer Magengrube kribbelte es, und als ihre Lippen sich trafen, breitete sich das Gefühl schlagartig in ihrem ganzen Körper aus.

Plötzlich wich Paula zurück und keuchte auf. »Direktor Faber!«

Jack sah sich verwirrt um. »Was? Wo?«

»Nicht hier, du Dummkopf. Aber wenn er mitbekommt, dass wir die letzten Stunden zusammen waren, haben wir ein viel größeres Problem als die miese Laune meiner Schwester.«

Jack erhob sich. »Dann sollten wir besser getrennt zurückgehen, damit es nicht ganz so offensichtlich ist. Willst du zuerst?«

»Nein, geh du.«

Jack zog sie zu sich hoch und drückte ihr einen schnellen Kuss auf den Mund. »Bis später.« Dann ging er zum Ausgang und zog die Hangartür hinter sich ins Schloss.

Paula überlegte, wie sie sich die nächsten Minuten vertreiben konnte. Ihr Blick fiel auf den rückwärtigen Teil des

Hangars, den sie mit Jack nicht erkundet hatte. Ganz hinten fiel Licht aus einem Loch in der Decke – das musste die Stelle sein, an der die Kamera durch das Dach gekracht war. Während sie langsam darauf zuschlenderte, merkte sie, dass sie gar nicht mehr aufhören konnte zu grinsen. Eigentlich war so ein Sonnyboy wie Jack überhaupt nicht ihr Typ. Doch wenn sie an den Kuss von vorhin dachte, bekam sie sofort wieder ein Kribbeln im Bauch.

Glassplitter und kleine Trümmerteile knirschten unter ihren Schuhen und kündigten an, dass sie bei dem Loch in der Decke angekommen war. Die Kamera, die Costa zwischenzeitlich weggeräumt hatte, musste mit ziemlicher Wucht auf dem Boden aufgeschlagen sein. Ansonsten gab es hier nicht viel zu entdecken, außer einer unscheinbaren Metalltür, die vermutlich zur Rückseite des Hangars hinausführte. Paula beschloss, dass Jack inzwischen genug Vorsprung hatte, und wandte sich dem Ausgang zu.

Plötzlich hörte sie ein merkwürdiges Sirren hinter sich. Sie drehte sich um, entdeckte aber nichts, was das Geräusch verursacht haben könnte. Ihr Blick wanderte nach oben.

Erschrocken riss sie die Augen auf. Ein Schrei versuchte, sich aus ihrer Kehle zu lösen. Doch der flammende Schmerz an ihrer Schläfe begrub alles unter sich – zuerst ihre Stimme und am Ende ihr Bewusstsein.

13

»Also gut. Dann fahren wir halt!« Trotzig verschränkte Petra die Arme vor der Brust und starrte aus dem Fenster des Vans. Nick bedeutete dem Fahrer, den Motor zu starten.

Außer ihnen befand sich niemand mehr auf dem Stützpunkt. Vor einer Stunde war Direktor Faber von einem Hubschrauber abgeholt worden, der ihn zum internationalen Geheimdienstleiter-Kongress nach Las Vegas brachte. Kurz danach rollten die ersten Transporter und Lastwagen vom Gelände, dann die Wohnwagen, die Kleinbusse mit Statisten und Schauspielern und zu guter Letzt die Ü-Wagen. Auch Nick und die Mädchen waren abfahrbereit. Nur Paula und Jack fehlten noch. Sie suchten den Bereich um das ehemalige Set herum ab und sahen in das ein oder andere Gebäude. Doch die beiden waren weit und breit nicht zu sehen.

Natürlich konnten sich die drei denken, dass sich Jack und Paula irgendwo verkrochen hatten. Aber dass sie dabei derart die Zeit vergaßen und die Rückfahrt nach Hollywood verpassten, erschien ihnen doch etwas seltsam. Hin wie her – die beiden blieben verschwunden.

»Ob ihnen irgendetwas passiert ist?«, überlegte Petra,

während sie unverrichteter Dinge wieder zurück zum Van gingen.

»Ach was«, erwiderte Carol. »Ich glaube eher, dass wir aneinander vorbeigelaufen sind. Sie haben uns nicht gefunden und sind daraufhin in einem der anderen Autos zurückgefahren.«

»Ohne mich? Das glaube ich nicht!«, sagte Petra entschieden.

»Warst du eigentlich jemals länger als eine Stunde von deiner Schwester getrennt?«, fragte Nick leicht genervt.

»Ich habe zumindest immer gewusst, wo sie sich aufhält«, entgegnete Petra.

»Sie kommt schon zurecht. Schließlich ist sie kein Kleinkind mehr. Wahrscheinlich sitzen sie wirklich in einem der anderen Autos.«

»Ja, ja«, knurrte Petra. »Wenn wir wenigstens Empfang hätten. Dann könnte ich sie anrufen.«

Irgendetwas an dieser Aussage störte Nick, er kam nur nicht darauf, was es war. Er überlegte kurz, die anderen zu fragen, erinnerte sich dann aber daran, dass er offenbar gerade dazu neigte, Gespenster zu sehen. Vielleicht sollte er einfach mal sein Agenten-Hirn ausschalten.

Nachdem sie alle abreisebereit im Van saßen, hatten sie – als Zugeständnis an Petra und zum großen Unmut ihres Fahrers – noch eine Viertelstunde gewartet. Dann sah auch Petra ein, dass es keinen Sinn ergab, noch länger hierzubleiben.

Sie verließen den Stützpunkt und bogen von der Zufahrtsstraße ab in Richtung L.A. Ein letztes Mal betrachtete Nick die riesigen Parabolantennen, die hinter dem Hauptgebäude aufragten. Ein wirklich beeindruckender Anblick! Stumm schalt er sich einen Idioten. Er hätte doch raufklettern sollen.

Mit einer seltsamen Mischung aus Hochgefühl und Enttäuschung ging Jack zum Parkplatz. Hochgefühl, weil Paula offenbar ebenso für ihn empfand wie er für sie. Und Enttäuschung, weil sich ihre Wege schon bald wieder trennen würden.

Ihm war Paula vom ersten Moment an sympathisch gewesen. Obwohl sie ihrer Schwester glich wie ein Ei dem anderen, hatte er kein Problem, die beiden auseinanderzuhalten. Eigentlich war die verschlossene, ein wenig sonderbar wirkende Paula mit der blassen Haut und dem schwarzen Pagenkopf gar nicht sein Typ. Er stand mehr auf blonde, sonnengebräunte Surferinnen. Tja, dachte er lächelnd, das Leben hielt eben immer wieder Überraschungen bereit.

Er würde auf jeden Fall mit ihr in Kontakt bleiben. Berlin stand schon seit Langem auf der Liste seiner Reiseziele. Jetzt hatte er noch einen Grund mehr, diese Reise baldmöglichst anzutreten. Er kramte in seiner Hosentasche nach dem Zettel mit Paulas Telefonnummer. Verwirrt blieb er stehen, suchte in der anderen Tasche, dann in den Gesäßtaschen. Das Ergebnis blieb das gleiche – der Zettel war nicht mehr da. Er musste ihn verloren haben, wahrscheinlich schon im Hangar.

Jack machte auf dem Absatz kehrt und ging zurück. Er öffnete die Tür und sah sich um. Ihr Deckenlager war leer. Paula schien bereits gegangen zu sein. Ganz am Ende der riesigen Halle bemerkte er etwas Ungewöhnliches. Ein Schatten verdunkelte das Loch in der Decke. Und dann entdeckte er auch Paula. Sie stand direkt unter der Öffnung. Er wollte nach ihr rufen, aber ihm blieben die Worte im Hals stecken. Fassungslos beobachtete er, wie sich eine Gestalt an einem Seil von der Decke hinabgleiten ließ. Paula bemerkte den Mann ebenfalls, doch es war bereits zu spät. Noch bevor die Agentin reagieren konnte, schlug der Schatten sie mit einem kräftigen Hieb k. o.

Rasch duckte Jack sich hinter die Transportkiste, die ihr Deckenlager vor dem Rest der Halle verbarg. Irgendetwas sagte ihm, dass es besser war, wenn ihn niemand sah. Was zum Teufel ging hier vor? Vorsichtig spähte er um die Kiste herum. Ein zweiter Mann kam in dem Loch in der Decke zum Vorschein und ließ sich an dem Seil hinabgleiten. Mehr konnte er nicht erkennen, dafür war er zu weit weg. Er musste näher ran, auch wenn er dadurch das Risiko einging, entdeckt zu werden. Er musste Paula helfen.

Im Schatten der Wand arbeitete er sich in den Hangar vor und ging dabei immer wieder hinter irgendwelchen Boxen oder Reifenstapeln in Deckung. Währenddessen seilten sich zwei weitere Männer von der Decke ab. Zum Glück waren sie so mit sich selbst beschäftigt, dass sie ihn nicht bemerkten. Auf den letzten Metern gab es nichts mehr, was ihm Deckung geboten hätte, also kauerte er sich hinter ein paar alte Paletten und lugte vorsichtig dahinter hervor. Die Männer hatten sich ganz an die rückwärtige Wand zurückgezogen. Da er nun nah genug war, konnte Jack ihre Gesichter erkennen. Verblüfft stellte er fest, dass es sich um Steven, Rudy, Costa und Tom handelte. Was ging hier vor? Warum seilten sich die vier durch ein Loch in der Decke ab, anstatt einfach durch die Tür zu kommen? Was wollten sie überhaupt hier? Jack hätte das Ganze für einen Scherz gehalten, wenn Paula nicht wenige Meter von ihm entfernt bewusstlos auf dem Boden gelegen hätte.

Die Männer gingen dicht an der Wand entlang bis zu einer Metalltür, die für Jacks Empfinden nach draußen führen musste. Tom zog ein kleines Kästchen aus der Tasche und hielt es an eine Stelle neben der Tür. Einige Sekunden später erklang ein leises Piepsen, gefolgt von dem Klacken des Türschlosses. Steven öffnete die Tür, die sich, ganz im Gegensatz zu ihrem unscheinbaren Äußeren, als zwanzig Zentimeter dicke Stahltür entpuppte. Dahinter lag nichts als Schwärze. Die Tür musste in einen Anbau oder etwas Ähnliches führen. Rasch traten die Männer hindurch. Costa war der Letzte. Er versetzte der Tür einen Tritt, sodass sie noch einmal weit aufschwang, warf sich die reglose Paula über die Schulter und verschwand in der Dunkelheit.

Jack reagierte, ohne nachzudenken. Er sprintete los und erreichte die Tür den Bruchteil einer Sekunde, bevor sie wieder ins Schloss fiel. Vorsichtig öffnete er sie einen Spaltbreit. Dahinter befand sich kein weiterer Raum, sondern eine steile Wendeltreppe, die in die Tiefe führte. Schwaches Licht und das Geräusch hastiger Schritte drangen von unten herauf.

Nachdem Jack durch den Spalt geschlüpft war, fiel die schwere Tür mit einem satten Schmatzen ins Schloss. So lautlos wie möglich schlich er die Stufen hinab, die sich in unzähligen Windungen in die Tiefe schraubten. Unten angekommen, verharrte er, zu überrascht, um weiterzugehen. Es schien fast, als wäre er in einer anderen Welt gelandet. Anstatt in einen dunklen, muffigen Keller mündete die Treppe in eine kreisrunde, hohe Halle, von der drei Gänge abgingen. Die glatten, weißen Wände, der glänzende Steinfußboden und die moderne LED-Beleuchtung entsprachen so gar nicht dem, was er erwartet hatte. Vor allem boten sie ihm keinerlei Deckung.

Aus dem Gang gegenüber der Treppe drang ein erschrockener Aufschrei, gefolgt von einem dumpfen Schlag und einem Poltern. »Keine Bewegung!«, rief Rudy. »Hände dahin, wo ich sie sehen kann.«

Jack warf alle Vorsicht über Bord, durchquerte die Halle und presste sich an der Ecke zum mittleren Gang an die Wand, während Rudy weiter herumkommandierte. »Alle da rüber. Los, Tempo!« Hastige Schritte. Stille. Dann das Klackern einer Tastatur.

»Verdammt!!« Das musste Tom gewesen sein.

»Was ist los?«, knurrte Rudy. »Warum dauert das so lange?«

»Die Mistkerle haben das System gesperrt. Ich komm nicht rein.«

»Du da – komm her!«

Zögerliche Schritte. Das Klicken einer Waffe, die entsichert wurde. Ein gepresstes Wimmern. Dann das drohende Schnarren des Aufnahmeleiters: »Komm bloß nicht auf die Idee, den Helden zu spielen. Du verrätst uns jetzt sofort den Zugangscode!«

Jack wusste, dass er ein großes Risiko einging, aber er musste wissen, was dort drinnen vor sich ging. Vorsichtig spähte er um die Ecke. Der Gang war etwa anderthalb Meter breit und fünf Meter lang. Am Ende befand sich eine gläserne Schiebetür, die von Paulas achtlos auf dem Boden abgelegtem Körper offen gehalten wurde. Dahinter bot sich ihm ein geradezu surrealer Anblick. In der Mitte des Raums stand ein riesiges Schaltpult mit Tasten, Reglern und blinkenden Lämpchen. Links und rechts davon befanden sich mehrere Arbeitsplätze mit zusätzlichen Computern. Fast die gesamte gegenüberliegende Wand wurde von unterschiedlich großen Monitoren eingenommen. Auf den meisten waren Zahlenkolonnen, animierte Grafiken, Diagramme sowie Bilder des Außengeländes zu sehen. Der größte, der genau in der Mitte hing und eine Bildschirmdiagonale von gut drei Metern aufwies, verkündete in weißer Schrift auf schwarzem Grund: *Zugriff verweigert. Bitte geben Sie den Zugangscode ein.* Das Ganze wirkte auf Jack wie die Schaltzentrale eines Atomkraftwerks oder einer Raumfahrtbehörde und passte mit seinem modernen Equipment so gar nicht zum übrigen Stützpunkt, der seit Jahrzehnten dem Verfall überlassen wurde.

Links der Tür konnte Jack gerade noch einen Mann und eine Frau in weißen Laborkitteln erkennen. Sie wurden von Steven und Costa mit Waffen bedroht und hatten verängstigt die Hände erhoben. Tom saß an einem Computer, auf dessen Monitor der gleiche *Zugriff verweigert*-Text zu sehen war wie auf dem riesigen Bildschirm an der Wand. Er tippte verschiedene Befehle in die Tastatur ein, doch der Rechner gab jedes Mal eine akustische Fehlermeldung von sich. Neben Tom hatte sich Rudy postiert und hielt einem weiteren Weißkittel die Waffe an die Schläfe. Der Mann hatte die Augen vor Angst geweitet und Schweiß rann ihm von der Stirn, doch er schien fest entschlossen, den Zugriffscode für das System nicht preiszugeben.

Fieberhaft überlegte Jack, welche Optionen er besaß. Wenn er es geschickt anstellte, konnte er Steven und Costa, die mit dem Rücken zur Tür standen, gleichzeitig außer Gefecht setzen. Doch um auch Rudy und Tom aus dem Verkehr zu ziehen, war er auf die Mithilfe der Weißkittel angewiesen. Und die machten auf ihn nicht gerade den Eindruck, besonders kampferprobt zu sein.

In diesem Augenblick rief der Mann links der Tür plötzlich: »Code 911!« Blitzartig griffen die drei Mitarbeiter in die Brusttaschen ihrer Laborkittel und zogen eine Kapsel hervor. Bevor Costa, Steven oder Rudy reagieren konnten, steckten sie sich die Kapsel in den Mund und zerbissen sie. Eine Sekunde später sackten sie reglos zu Boden.

»Verdammt noch mal!«, rief Rudy fassungslos. »Was soll das denn?«

»Haben ... haben die sich umgebracht?«, stammelte Tom mit einem Anflug von Panik in der Stimme.

»Ist mir scheißegal, ob die noch leben oder nicht!«, rief Rudy. »Wenn sie nicht in der Lage sind, uns den Zugangscode zu verraten, sind sie vollkommen nutzlos, egal ob tot oder lebendig. Wir kommen nicht mehr ins System.« Er schlug mit der flachen Hand auf einen der Tische. »Verflixt! Es zu hacken kann bei der Verschlüsselung Tage dauern! Und ohne Ralph ist die ganze Aktion für den Arsch.«

»Das wird dem Boss gar nicht gefallen«, bemerkte Steven und fuhr sich mit einer Hand durch die Haare. In der anderen hielt er immer noch die Waffe, obwohl es niemanden mehr gab, auf die er sie hätte richten können.

Costa hatte sich zu der Frau hinabgebeugt und befühlte ihr Handgelenk. »Sie leben. Aber der Puls ist verdammt schwach.«

»Schafft sie ins Verlies.« Rudy zog ein Blatt Papier aus der Tasche und faltete es auseinander. »Hier ... am Ende des Gangs, die Treppe runter, letzte Tür. Das müsste der Raum sein, von dem der Boss gesprochen hat. Und du«, sagte er und drehte sich zu Tom um, »fängst sofort mit dem Hack an. Der Boss soll nicht den Eindruck bekommen, wir hätten die Lage nicht unter Kontrolle. Los!«

»Was machen wir mit dem Mädchen? Wenn es vermisst wird, haben wir den BND am Hals«, gab Steven zu bedenken.

»Sperr es mit ein«, erwiderte Rudy. »Um das Problem kümmere ich mich, wenn ich alle anderen gelöst habe.«

Rasch wich Jack zurück und sah sich hastig in der Halle um. Er musste verschwinden, bevor Steven und Costa herauskamen. Bis zur Treppe schaffte er es nicht mehr, also entschied er sich für den Gang rechts von ihm. Er war deutlich länger als der mittlere, hatte mehrere Türen zu beiden Seiten und machte am Ende einen Knick nach links. Doch um die Abbiegung zu erreichen, blieb Jack keine Zeit mehr. Er hörte bereits Schritte hinter sich. Kurz entschlossen öffnete er die erste Tür auf der linken Seite und schlüpfte hindurch.

Kaum hatte er die Tür geschlossen, hörte er das laute Schnaufen von Costa und Steven, die die schweren Körper der Gefangenen an der Tür vorbei den Gang hinunterschleiften. Er atmete einmal tief durch. Das war knapp gewesen. Dann drehte er sich um und lehnte sich mit dem Rücken gegen die Tür. Erst jetzt fiel ihm auf, dass der Raum nicht vollständig dunkel war, sondern von einem diffusen Licht erhellt wurde. Es stammte von der Beleuchtung mehrerer großer Glasschränke, in denen unzählige Kabelstränge zusammenliefen. Ein leichtes Summen lag in der Luft, und es war angenehm kühl. Allem Anschein nach hatte er sich in den Serverraum der unterirdischen Anlage gerettet.

Jack überlegte, wie er weiter vorgehen sollte. Rudy und seine Bande hatten die Anlage – wofür auch immer sie gut sein mochte – gekapert und versuchten nun, in das System einzudringen. Dass sie nichts Gutes im Schilde führten, war offensichtlich. Jack musste sie aufhalten, aber gegen vier bewaffnete Gangster hatte er allein keine Chance. Er musste Hilfe holen, bevor die Typen das System geknackt hatten. Doch zuerst wollte er nach Paula sehen.

Jack lauschte an der Tür, bis er sicher war, dass Steven und Costa alle Gefangenen weggebracht hatten und wieder zurück in den Hauptraum gegangen waren. Dann öffnete er die Tür einen Spaltbreit und sah hinaus. Niemand war zu sehen. Vorsichtig und so lautlos wie möglich lief er den Gang entlang bis zu dem Linksknick, den er vorhin gesehen hatte. Hinter der Abbiegung blieb er abrupt stehen. Beinahe wäre er die vier oder fünf Treppenstufen hinuntergefallen, die den Gang etwa einen Meter nach unten versetzten. Am Ende der Treppe wurden die weißen Wände und der hell glänzende Steinboden schlagartig von grob aus der Erde gehämmerten Wänden und Lehmboden abgelöst, und anstatt moderner Leuchtstoffröhren erhellten altertümliche Lampen mit Glühbirnen den Gang. Es schien ganz so, als träfe hier die hochmoderne Anlage mit einem alten, bereits vor vielen Jahren gebauten Teil des Stützpunkts zusammen. *Treppe runter, letzte Tür,* hatte Rudy gesagt. Tatsächlich gab es in diesem Teil nur noch zwei Türen. Jack ging bis zur hinteren und öffnete sie.

Der Raum war etwa dreißig Quadratmeter groß und erinnerte an einen alten Weinkeller mit grob gemauerten Wänden und einer bogenförmigen Decke. Doch anstatt kostbarer Weine befanden sich zwei mit Gitterstäben abgetrennte Zellen an der hinteren Wand. *Verlies* hatte Rudy den Raum genannt. Vielleicht war er früher als geheimes Gefängnis der Air Force benutzt worden. Jetzt lagen die drei Mitarbeiter in der linken Zelle, Paula in der rechten.

Jack eilte zu der rostigen Gittertür der rechten Zelle. Offenbar hatte man dem altersschwachen Schloss nicht mehr vertraut und die Tür zusätzlich durch ein Stahlschloss mit fünfstelliger Zahlenkombination gesichert. Jack fluchte. Das würde er nur mithilfe geeigneten Werkzeugs knacken können. Jack rüttelte an der Tür und den angrenzenden Gitterstäben. Sie klapperten ein wenig, hielten aber stand. Auch bei der Zelle der Techniker hatte er kein Glück. Die Tür war anstatt mit einem Zahlenschloss mit einer Kette samt Vorhängeschloss gesichert. Es hatte keinen Sinn. So kam er nicht weiter.

Schweren Herzens beschloss er, Paula zurückzulassen. Er schlich den Gang zurück, bis er die Halle erreicht hatte. Vorsichtig spähte er um die Ecke in den Gang zum Kontrollraum. Die automatische Schiebetür war geschlossen. Da die untere Hälfte aus Milchglas bestand, konnte er es unbemerkt bis zur Treppe schaffen, wenn er geduckt lief. Jack huschte durch die hell erleuchtete Halle und über die Stufen nach oben. Er lauschte kurz. Kein erstaunter Ausruf, keine hektischen Schritte. Niemand hatte ihn bemerkt.

Die Stahltür, die in den Hangar führte, lag fast vollständig im Dunkeln. Jack konnte gerade noch den Griff erkennen, der anstelle einer Türklinke angebracht worden war. Er drückte dagegen, doch nichts geschah. Auch ein Ziehen und Rütteln brachte keinen Erfolg. Immer hastiger und mit wild pochendem Herzen tastete Jack die Tür ab, fand aber weder einen Griff noch einen Riegel, mit dem er sie hätte öffnen können.

In diesem Moment fiel ihm der schwache Lichtschein ein Stück neben der Tür auf. Als Jack näher herantrat, erkannte er ein Zahlenpanel. Er biss sich auf die Zunge, um ein Fluchen zu unterdrücken. Die Tür besaß ein elektronisches Schloss. Das war das Piepen gewesen, das er gehört hatte, kurz bevor Tom die Tür geöffnet hatte. Und genau wie von außen konnte man sie auch von innen nur öffnen, wenn man den Code kannte.

Schlagartig wurde Jack bewusst, was das bedeutete. Er ließ sich an der Tür hinabgleiten und vergrub das Gesicht in den Händen. Er war eingesperrt.

15

Der Van bog in die Einfahrt zu den Paramount Studios ab. Ein Wachmann kontrollierte ihre Beraterausweise, gab dann Anweisung, die Schranke zu öffnen, und winkte sie durch. Nachdem der Fahrer den Wagen geparkt hatte, bedankten sich Nick, Carol und Petra bei ihm und stiegen aus. Das Studio-Gelände war gigantisch groß. Nick fühlte sich wie beim Besuch eines Freizeitparks, auch wenn keine Achterbahnen auf ihn warteten, sondern Filmkulissen. Er konnte es kaum erwarten, alles zu erkunden.

»Wohin müssen wir noch mal?«, fragte er.

»Halle 26 und 27«, erwiderte Carol. »Aber wo die sind, weiß ich auch nicht.«

»Da vorne ist ein Schild mit dem Geländeplan«, sagte Nick.

»Wer braucht denn einen Plan, wenn er mich hat?«, quakte es fröhlich in seinem Ohr. Bruno war nach zwei Tagen im Stand-by-Modus froh, wieder mit von der Partie zu sein – sehr zum Leidwesen von Nick, der während der gesamten Autofahrt sein ununterbrochenes Geplapper hatte ertragen müssen. »Nach dem Parkplatz links, am Souvenirshop und Restaurant vorbei, dann rechts in die Avenue C und immer geradeaus. Hinter der Kreuzung 9th Street beginnt die Halle 26«, ratterte das CBPI herunter.

»Also schön«, erwiderte Nick und wandte sich in die angegebene Richtung. »Mir nach. Bruno kennt den Weg.«

Staunend gingen sie die palmengesäumte Straße entlang, vorbei an riesigen Gebäuden und Hallen, an dem von Bruno angesprochenen Souvenirshop, einem edel aussehenden Restaurant und wunderschön angelegten Parks. Es gab Lagerhallen, Bühnen für Live-Shows, Requisitenlager, Besprechungsräume, Garderoben, Gebäude für die Post Production, ein Filmarchiv und eine studioeigene Feuerwehr. Der gesamte Komplex war eine eigene kleine Stadt für sich.

Am Eingang von Halle 26 trafen sie auf den Produktionsassistenten, dessen Name Nick entfallen war. »Hallo, da seid ihr ja«, begrüßte er sie und lächelte ihnen freundlich zu.

»Sind Jack und meine Schwester schon da?«, fragte Petra ihn ohne Umschweife.

»Nicht dass ich wüsste«, erwiderte der Assistent erstaunt.

»Sind sie vielleicht in einem der Crew-Busse mitgefahren?«

»Keine Ahnung. Darauf habe ich nicht geachtet. Ich bin davon ausgegangen, dass sie mit euch mitfahren.«

Petra biss sich auf die Unterlippe. »Sind sie aber nicht.«

»Tut mir leid, aber da kann ich euch nicht weiterhelfen. Fragt mal drinnen bei den anderen nach.« Er deutete auf das breite Tor hinter sich und wandte sich dann einem Lieferwagen zu, der gerade vor der Halle zum Stehen kam.

Im Innern von Halle 26 sah es aus wie in dem Backstagebereich einer großen Bühne. Es herrschte dämmriges Licht, überall lagen Kabel herum, und die Rückseiten der mit Balken abgestützten Holzkulissen versperrten den Blick auf das eigentliche Set. Nick deutete auf eine schmale Öffnung, die in das Innere der Kulissen hineinführte. Sie zwängten sich hindurch und blieben wie angewurzelt stehen.

»Das gibt's doch nicht!«, entfuhr es Carol.

Nick stockte der Atem. Er ging ein paar Schritte in das Set hinein und drehte sich einmal um die eigene Achse. Der erste Eindruck hatte nicht getäuscht. Das Set, das in der riesigen Halle aufgebaut worden war, glich beinahe aufs Haar den Quartieren ihrer unterirdischen Agentenschule. Da waren die halbkugelförmigen Glasbauten, die hellblaue, gewölbte Decke mit der großen, leuchtenden Kugel in der Mitte, und an einer Wand befand sich sogar der Aufzug, der zu den tiefer gelegenen Ebenen ihrer Schule führte. Einige Details stimmten zwar nicht überein, aber im Großen und Ganzen wirkte es so, als hätten die Setdesigner ihre Schule als Vorlage benutzt.

Auch die beiden Mädchen sahen sich verblüfft um.

»Ob Faber davon weiß?«, fragte Carol.

»Damit wäre er niemals einverstanden gewesen«, erwiderte Nick. »Unsere Schule ist *topsecret*.«

»Trotzdem scheint jemand ganz genau zu wissen, wie es dort aussieht.«

»Vielleicht gibt es einen Maulwurf in unseren Reihen«, bemerkte Petra trocken.

»Hör bloß auf«, entgegnete Nick. »Das ist überhaupt nicht witzig.«

»Faber wird ausrasten, wenn er das hier erfährt«, sagte Carol.

»Zweifellos«, bestätigte Petra.

Einer der Lichttechniker kam hinter einer Glaskuppel hervor. »Sieht cool aus, oder?«, sagte er im Vorbeigehen. »Ist nur furchtbar schwer auszuleuchten mit dem ganzen Glas.«

»Warte. Kann ich dich kurz was fragen?«, rief Petra ihm hinterher. »Weißt du zufällig, wo meine Schwester ist?«

Der Techniker sah sie verständnislos an.

»Sie sieht genauso aus wie ich. Sie hätte zusammen mit uns vom Stützpunkt zurückfahren sollen, aber wir haben uns verpasst.«

Der Techniker zuckte nur mit den Schultern. »Nee, tut mir leid. Hab sie nicht gesehen.« Dann wandte er sich um und verließ das Set über den schmalen Gang, durch den sie die nachgebaute Schule betreten hatten.

Sie erkundeten das Set und befragten dabei jedes Crew-Mitglied, das ihnen begegnete, doch niemand schien eine Ahnung zu haben, wo sich Paula und Jack aufhielten. Am Ende der Halle traten sie durch einen weiteren schmalen Spalt aus den Kulissen heraus in den Bereich, der den Licht- und Tontechnikern vorbehalten war. An einem großen Lichtpult waren gerade mehrere Techniker dabei, Kabel anzuschließen und Scheinwerfer auszurichten. Als der Mann von vorhin sie erkannte, unterbrach er kurz seine Arbeit und trat zu ihnen.

»Sucht ihr deine Schwester immer noch?«

Petra nickte.

»Mir ist was eingefallen«, sagte er. »Steven und ein paar andere sind in einem eigenen Wagen zurückgefahren. Sie wollten sich noch eine Location in der Wüste anschauen, von der ihnen jemand erzählt hat. Vielleicht haben sie deine Schwester mitgenommen. Aber die sind sicher nicht vor heute Abend zurück.«

Sie bedankten sich bei dem Techniker und setzten sich auf ein altes Sofa in einer Ecke. Auf einem Tisch daneben hatte jemand Thermoskannen mit Kaffee bereitgestellt.

»Möchtet ihr welchen?«, fragte Carol, doch Petra und Nick winkten ab.

»Ich verstehe das nicht«, sagte Petra. Ihre Stimme klang erschöpft. »Wo kann sie denn bloß sein?«

»Vielleicht sind die beiden ja wirklich bei Steven mitgefahren«, versuchte Carol, sie zu beruhigen.

»Sehr unwahrscheinlich«, erwiderte Petra unwirsch.

»Aber nicht unmöglich. Jetzt warten wir erst mal ab.«

»Ich will aber nicht abwarten«, entgegnete Petra trotzig. »Ihr Handy ist immer noch aus. Wenn sie nicht mehr auf dem Stützpunkt ist, warum erreiche ich sie dann nicht? Was ist, wenn ihr irgendwas passiert ist und sie Hilfe braucht?«, rief Petra aufgebracht.

»Es gibt noch eine Möglichkeit«, sagte Nick und lächelte Petra unschuldig an. »Vielleicht *wollen* die beiden gar nicht gefunden werden.«

16

Jack wusste nicht, wie lange er schon in der Dunkelheit vor der verschlossenen Stahltür saß. Er hatte den Kopf in den Händen vergraben und dachte nach. Doch wie er es auch drehte und wendete, ihm fiel keine Möglichkeit ein, unbemerkt aus der unterirdischen Anlage herauszukommen. Er konnte nur abwarten, ob sich zufällig eine Gelegenheit ergeben würde. Bis dahin musste er sich irgendwo verstecken, sonst saß er bald zusammen mit Paula und den Weißkitteln in einer der Zellen.

Vorsichtig schlich Jack die Treppe hinab. In der gesamten Anlage war es beinahe gespenstisch still, auch die Halle lag verlassen da. So leise wie möglich durchquerte er sie, bog in den rechten Gang ein und öffnete die Tür zum Serverraum. Das Versteck war so gut wie jedes andere.

Als er den Raum näher erkundete, stellte er fest, dass die Serverschränke nicht an der Wand standen, sondern etwa einen halben Meter davon abgerückt. Er zwängte sich in die Lücke und setzte sich mit dem Rücken zur Wand. Perfekt. So würde er nicht zu sehen sein, falls jemand zufällig den Raum betrat.

Er hatte kaum seine Beine ausgestreckt, als er Stimmen

hörte. Jack zuckte zusammen. Hatte doch jemand beobachtet, wie er im Serverraum verschwunden war? Nervös rechnete er damit, dass jeden Augenblick die Tür geöffnet und das Licht angeschaltet wurde. Doch nichts dergleichen geschah, und die Stimmen sprachen unverändert weiter. Jack hörte genauer hin. Sie kamen gar nicht aus Richtung Tür, wie er ursprünglich angenommen hatte. Vielmehr schienen sie direkt aus der Wand neben ihm zu dringen.

Er legte ein Ohr an die Wand, und tatsächlich wurden die Stimmen lauter, auch wenn er nicht verstehen konnte, was sie sagten. Jack führte sich den Grundriss der Anlage vor Augen. War es möglich, dass die rückwärtige Wand des Serverraums direkt an den Kontrollraum grenzte? Er tastete die glatt verputzte Wand ab. Ganz hinten in der Ecke, in einem halben Meter Höhe, stießen seine Finger auf eine Unregelmäßigkeit. Jack zog sein Handy hervor. Ohne große Hoffnung warf er einen Blick auf die Empfangsanzeige, doch wie erwartet blieben alle vier Balken leer. Dann schaltete er die Taschenlampe ein und leuchtete in die Ecke. An der Stelle, die er ertastet hatte, befand sich ein etwa fünf Zentimeter großes Loch, das behelfsmäßig zugespachtelt worden war. Vermutlich waren hier einmal Kabel von einem Raum in den anderen gezogen worden, bevor man sich für eine elegantere Lösung entschieden und das Loch daraufhin wieder verfüllt hatte.

Die Füllmasse war so weich, dass Jack sie mit bloßen Fingern herauskratzen konnte. Nachdem er ein paar Zentimeter abgetragen hatte, nahm er sein Taschenmesser zu

Hilfe, und schon bald sah er Licht durch das Loch schimmern.

Das Loch war gerade so weit von der Ecke entfernt, dass er mit dem rechten Auge hindurchschauen konnte. Viel zu erkennen war durch die kleine Öffnung nicht: Stuhlbeine, zwei Füße, die auf einem Tisch lagen, und – wenn er sich mit dem Kopf ganz in die Ecke quetschte – ein Teil der Monitore an der Wand. Auf dem großen in der Mitte stand nun nicht mehr »Zugriff verweigert«, stattdessen liefen grün leuchtende Zahlenkolonnen über den Bildschirm. Ganz unten befanden sich fünfzehn Leerstellen, die wahrscheinlich den Zugangscode darstellen sollten, von denen aber erst eine besetzt war.

Plötzlich klingelte ein Telefon. Bewegung entstand im Kontrollraum, Stühle rückten, die Füße wurden vom Tisch genommen. Jack rutschte ein wenig zur Seite und presste das Ohr an das Loch. Jetzt verstand er laut und deutlich, was gesprochen wurde. »Hey, Boss«, sagte Rudy.

»Das hätte nicht passieren dürfen«, knurrte eine leicht verzerrte Stimme. Rudy hatte den Anrufer offenbar auf Lautsprecher gestellt.

»Tut mir echt leid, Boss, aber von den Kapseln wussten wir nichts«, verteidigte sich der Aufnahmeleiter.

»Wie lange braucht der Passwort-Cracker, um das System zu knacken?«

»Schwer zu sagen. Wenn wir Glück haben, sind wir in zwölf Stunden drin. Wenn wir Pech haben, kann es bis zu 72 dauern.«

»Verdammt.« Stille.

»Boss?«, fragte Rudy vorsichtig.

»Ich denke nach.« Eine weitere Minute später meldete sich die Stimme wieder. »Drei Tage sind zu lang. Bis dahin kriegt die CIA mit, dass was nicht stimmt. Steven, du fährst zurück zu den Studios und erhältst unsere Tarnung aufrecht. Ich kontaktiere das mobile Team. Die Jungs sollen dafür sorgen, dass die CIA viel zu abgelenkt ist, um auch nur einen Gedanken an Ralph zu verschwenden. Ich hätte da auch schon ein paar Ideen.« Ein boshaftes Lachen drang aus den Lautsprechern. »Vielleicht ist die Verzögerung gar nicht so schlecht. Auf diese Weise kann sich die Weltbevölkerung schon einmal ein Bild davon machen, was auf sie zukommt.«

»Was ist mit der anderen Sache?«, fragte Rudy.

»Habt ihr das Material zusammengeschnitten?«

»Ist alles fertig.«

»Und das fingierte Beweismaterial?«

»Liegt an der vereinbarten Stelle.«

»Dann schicke ich jemanden los. Es wird eine Weile dauern, bis die Leiche gefunden wird. Ich gebe euch Bescheid, wenn die Sache erledigt ist.«

Die Verbindung wurde getrennt.

»Verdammt, ich hab so was von gar keine Lust, wieder nach Hollywood zurückzufahren«, maulte Steven.

»Du hast den Boss gehört, Mann«, wandte Costa ein. »Wenn's schlecht läuft, müssen wir noch drei Tage überbrücken. Je weniger Leute in der Zeit Verdacht schöpfen, desto besser.«

»Und wie erklär ich den anderen, dass Aufnahmeleiter, Kameramann und leitender Techniker verschwunden sind?«

»Was weiß ich? Denk dir irgendwas aus.«

Mit einem wütenden Schnauben verließ Steven den Kontrollraum. Die übrigen drei machten es sich bequem, und auf der anderen Seite der Wand herrschte wieder Stille.

Jack richtete sich auf und atmete tief durch. Er musste erst einmal verdauen, was er gerade gehört hatte. Rudy, Costa, Steven und Tom hatten die ganze Sache von langer Hand geplant. Die ganzen kleinen Streitereien am Set waren nur vorgetäuscht gewesen, damit niemand auf den Gedanken kam, dass sie in Wahrheit unter einer Decke steckten.

Was war das hier für eine Anlage? Was würde geschehen, wenn Rudy und Co. das System geknackt hatten? Von welchem mobilen Team hatten sie gesprochen? Was hatte es mit den Ablenkungsmanövern auf sich? Wer war Ralph? Und wieso eigentlich CIA? Sie befanden sich doch auf einem Stützpunkt der Air Force.

Und dann die Stimme des Anrufers. Jack konnte sich nicht helfen, er hatte das Gefühl, sie schon einmal gehört zu haben. Aber er kam beim besten Willen nicht darauf, wo.

Als er an das Ende des Gesprächs dachte, lief ihm ein kalter Schauer den Rücken hinunter. Diese »andere Sache« … Was auch immer hier unten vor sich ging – diese Typen waren bereit, dafür über Leichen zu gehen. Im wahrsten Sinne des Wortes.

Die letzte Welle war gigantisch gewesen! Er hatte den perfek-
ten Zeitpunkt erwischt und war eine gefühlte Ewigkeit durch
den Tunnel gesurft, bevor das Wasser weiß schäumend über
ihm zusammenbrach.

Er klemmte sich das Surfbrett unter den Arm, ging zu sei-
nen Freunden, die bereits vor einigen Minuten aus dem Was-
ser gekommen waren, und klatschte alle der Reihe nach ab.
Dann rammte er das Board in den Sand, schüttelte sich das
Wasser aus den langen Haaren, setzte sich auf sein Handtuch
und sah hinaus aufs Meer.

Der Himmel begann, sich langsam zu verfärben, und kün-
digte das Ende eines wundervollen Sommertags an. Ent-
sprechend viel Betrieb herrschte noch am Strand. Sogar das
Fernsehen war da, dem Übertragungswagen nach zu schlie-
ßen, der an der Promenade parkte. Wahrscheinlich drehte
irgendein Lokalsender einen Bericht über das bunte Strand-
leben von Venice Beach.

Sein Handy klingelte. Er griff nach seiner Tasche und kramte
darin herum, bis er das Telefon gefunden hatte. Eher un-
bewusst nahm er dabei wahr, dass auch seine Freunde und ein
paar Umstehende ihre Handys hervorholten. Was für ein lus-
tiger Zufall, dass die alle gleichzeitig klingeln, dachte er.

Das Display zeigte eine unterdrückte Nummer an. Stirn-
runzelnd nahm er den Anruf entgegen. In der nächsten Se-
kunde wurde alles schwarz.

Um bei den Aufbauarbeiten am Set nicht im Weg zu stehen, hatten Nick, Carol und Petra beschlossen, sich ein wenig auf dem Studiogelände umzusehen. In einer Ausstellung mit Film-Requisiten fotografierten sie sich gegenseitig vor dem überlebensgroßen Transformer Bumblebee; auf einer Nachbildung der Bank aus *Forrest Gump* aßen sie stilecht eine Packung Pralinen, die sie zuvor in einem Café auf dem Gelände gekauft hatten; und schließlich sahen sie zu, wie in einem nachgebauten New Yorker Straßenzug ein Banküberfall gedreht wurde. Als die Bankräuber zum fünfzehnten Mal aus dem Gebäude stürmten und in den Fluchtwagen sprangen, verloren sie jedoch das Interesse und schlenderten zurück zu Halle 26.

»Seht mal«, rief Carol und deutete zum Halleneingang. »Ist das nicht Steven?«

Nick sah gerade noch, wie die schlaksige Gestalt des Regisseurs in der Halle verschwand. Auch Petra hatte ihn erkannt und lief so schnell hinter ihm her, dass Carol und Nick Mühe hatten mitzuhalten.

»Steven«, rief Petra.

Der Regisseur wandte sich zu ihnen um. »Ja?«

»Wissen Sie zufällig, wo meine Schwester ist?«, fragte Petra. »Wir haben sie seit heute Mittag nicht mehr gesehen.«

»Keine Ahnung, tut mir leid«, erwiderte Steven.

»Wir dachten nur … dass sie vielleicht zusammen mit Ihnen vom Stützpunkt hierhergefahren ist.«

»Ich habe wirklich keine Idee, wo sie sein könnte. Aber ich kann mich gerne mal bei den anderen umhören.« Er sah Petra eindringlich an. »Ich bin sicher, dass es deiner Schwester gut geht. Mach dir keine Sorgen. Die taucht bestimmt bald wieder auf.«

Steven wandte sich um und ging ein paar Schritte in das Set hinein, warf zuerst einen Blick zu den Scheinwerfern an der Decke und sah sich dann kritisch um.

»Herrje, ist das schlecht ausgeleuchtet. Da hab ich ja ununterbrochen Reflexionen auf der Kamera. Daniel! Marc!« Grimmig stapfte er in Richtung des Beleuchter-Mischpults davon.

»Ich verstehe das nicht«, sagte Petra und biss sich auf die Unterlippe. »Als wäre Paula wie vom Erdboden verschluckt.«

»Es ist schon spät«, sagte Nick, »und ich habe einen Bärenhunger. Hier richten wir doch nichts mehr aus. Lasst uns was zu essen suchen und beraten, wie wir weitermachen.«

Die Taqueria lag auf halbem Weg zwischen den Studios und dem Hotel. Sie saßen vor einem riesigen Berg aus Nachos, Chili-Cheese-Fries, Tacos, Quesadillas, Guacamole und Salsa. Während Nick und Carol es sich schmecken ließen, stocherte Petra nur lustlos in ihrem Essen herum.

»Hast du es noch mal auf dem Handy versucht?«, fragte Carol. Petra nickte. »Immer noch kein Empfang. Oder ausgestellt.«

Carol legte Petra eine Hand auf den Arm. »Die tauchen schon wieder auf. Ganz bestimmt.«

Petra gab nur ein unbestimmtes »Hm« von sich und schüttelte Carols Arm ab.

»Ich weiß, dass du dir Sorgen machst. Aber wahrscheinlich gibt es eine ganz einfache Erklärung, warum du sie nicht erreichst. Vielleicht haben die beiden wirklich die Abfahrt verpasst und sitzen jetzt auf dem Stützpunkt fest.«

»Eben«, erwiderte Petra. »Deswegen müssen wir noch einmal hin.«

»Wenn sie bis morgen nicht aufgetaucht sind, fahren wir. Versprochen.«

»Bis morgen?«, rief Petra empört. »Wir können sie doch nicht die ganze Nacht über dort lassen.«

»Was soll denn groß passieren?«, fragte Nick und fügte dann mit einem Grinsen hinzu: »Betten gibt's genug.«

»Du meinst doch nicht etwa die Stockbetten in den Wohnbaracken, oder?« Petra schüttelte sich bei der Vorstellung, eine ganze Nacht auf den fleckigen Matratzen zubringen zu müssen.

»Carol hat recht. Die beiden sind alt genug. Sie können hervorragend allein auf sich aufpassen. Wir warten bis morgen.«

Nicks Aufmerksamkeit wurde von einigen Gästen abgelenkt, die lachend auf den großen Fernseher an der Bar deuteten. Auf einem lokalen Nachrichtensender lief gerade ein Bericht über eine Gruppe junger Surfer, die sich mitten auf dem Strand nackt ausgezogen und wie in Trance zu tanzen begonnen hatten. Das Spektakel musste von der Polizei aufgelöst werden. Die Surfer waren nicht ansprechbar und wurden ins Krankenhaus gebracht. Man ging davon aus, dass Marihuana oder ähnliche Substanzen im Spiel waren.

»Was für eine verrückte Welt«, kommentierte Nick kopfschüttelnd.

»Keine Macht den Drogen«, fügte Carol mit einem amüsierten Funkeln in den Augen hinzu. Petra hingegen starrte mit verschränkten Armen vor sich hin. Ihr war eindeutig nicht zum Lachen zumute.

»Isst du das noch?«, fragte Nick und deutete auf den so gut wie unberührten Burrito vor ihr. Wortlos schob Petra ihm ihren Teller hin. Erfreut machte sich Nick über die mit Käse überbackene Rolle her. Verschwundene Schwester hin oder her – den Appetit verderben ließ er sich deswegen nicht.

Nick und Carol saßen zusammen im Frühstücksraum des Hotels. Während Carol Nachrichten auf ihrem Handy las und dabei ab und zu an ihrem Kaffee nippte, ließ Nick sich die Riesenportion Blaubeerpfannkuchen schmecken, mit der er sich am Hotelbuffet eingedeckt hatte.

»Schau mal, hier ist ein Artikel über die Surfer von gestern«, sagte Carol. »Hier steht, dass sie nach wie vor nicht ansprechbar sind.«

»Wurde ein Drogentest gemacht?«, nuschelte Nick mit vollem Mund.

Carol warf ihm einen missbilligenden Blick zu und schaute dann wieder auf ihr Handy. »Ja. Er war negativ. Die Ärzte haben keine Ahnung, was den tranceähnlichen Zustand ausgelöst hat. Sie behalten die Surfer vorerst im Krankenhaus.« Sie las eine Weile schweigend weiter. »Das war nicht der erste Vorfall dieser Art. Hier steht, dass es in den vergangenen Wochen bereits mehrere ähnliche Ereignisse in anderen Bundesstaaten gegeben hat. Die CIA ermittelt bereits.«

»Die CIA?«, fragte Nick erstaunt. »Was haben die denn damit zu tun?«

»Offenbar wird hinter dem Ganzen ein Terrorakt vermutet.«

»Hm«, machte Nick nachdenklich. Er spülte die letzten Krümel der Pfannkuchen mit einem Glas Milch hinunter und lehnte sich dann in seinem Stuhl zurück. »Weißt du, an wen mich die Sache mit den Surfern erinnert?«, fragte er. »Dieser tranceähnliche Zustand ohne ersichtlichen Grund?«

»An Derek?«

»Ganz genau. Und an Miley.«

»Du glaubst, dass die Fälle zusammenhängen? Das halte ich für etwas weit hergeholt. Es gibt doch sonst überhaupt keine Gemeinsamkeiten. Und vor allem kein Motiv.«

»Auf den ersten Blick nicht.« Nick zuckte mit den Schultern. »War nur so ein Gedanke.«

Petra betrat den Frühstücksraum. Sie ging zum Buffet, ließ sich eine Tasse Latte macchiato aus dem Kaffeeautomaten und kam zu ihnen an den Tisch. Sie war noch eine Spur blasser als sonst und hatte dunkle Ringe unter den Augen.

»Guten Morgen«, begrüßte Carol sie und legte ihr Handy zur Seite. »Gibt's irgendetwas Neues?«

Petra schüttelte den Kopf. »Nein, nichts. Und Paulas Handy ist immer noch aus.«

»Also schön. Dann fahren wir noch mal zum Stützpunkt raus.«

»Aber wir haben keinen Fahrer mehr«, gab Nick zu bedenken.

»Wir sind hier in den USA. Da darf man schon ab 16 fahren. Und die Führerscheine waren bei den Unterlagen dabei, die uns der BND mitgegeben hat.«

»Prima!«, sagte Nick. »Ein echter Roadtrip. Wie es sich für eine Reise durch den amerikanischen Westen gehört. Jetzt müssen wir uns nur noch irgendwo ein Auto organisieren, dann kann's losgehen.«

Er betrachtete noch ein letztes Mal den Gesetzesentwurf, den er in ein paar Minuten auf der Pressekonferenz unterzeichnen würde. Dann lehnte er sich entspannt zurück und zündete sich eine Zigarre an. Das war der große Durchbruch. An dem Gesetz arbeitete er, seit er das Gouverneursamt von Kalifornien übernommen hatte. Die Unterzeichnung würde seiner Karriere noch einmal neuen Schwung verleihen. Und wer weiß, vielleicht spülte ihn die Erfolgswelle am Ende ja sogar bis ins Weiße Haus. In einem Jahr waren Präsidentschaftswahlen.

Er warf einen Blick aus dem Fenster auf die Übertragungswagen der Fernsehsender, die alle aufgereiht vor dem Gouverneursgebäude standen, um die Unterzeichnung in die Welt auszustrahlen. Er lächelte. Der Gedanke, dass so viele Menschen ihm zuschauten, gefiel ihm.

Die Tür zu seinem Büro öffnete sich, und seine Assistentin steckte den Kopf herein. »Noch drei Minuten.«

»Danke, Clarissa. Ich komme.« Die Assistentin zog sich wieder zurück und schloss die Tür hinter sich.

Sein Handy klingelte. Wahrscheinlich seine Frau, die ihm schon einmal gratulieren wollte. Er hatte nie verstanden, warum sie immer mit unterdrückter Nummer anrief. Er nahm ab. Im gleichen Moment wurde alles schwarz.

19

Ein Auto zu organisieren hatte sich als vollkommen problemlos erwiesen. Nachdem Carol zuerst den Beraterausweis und danach den gültigen Führerschein präsentiert hatte, stellte ihnen ein Mitarbeiter der Filmproduktion einen Wagen zur Verfügung, ohne irgendwelche Fragen zu stellen.

Seit mittlerweile zwei Stunden suchten sie nun den Stützpunkt ab, ohne eine Spur von Paula oder Jack zu finden. Nick gab es nur ungern zu, aber langsam machte auch er sich ernsthafte Gedanken darüber, was mit den beiden geschehen war. Sie schienen wie vom Erdboden verschluckt zu sein.

Dafür hatten sie etwas anderes entdeckt. Eine Kamera lag auf dem obersten Regalbrett in einer der Wohnbaracken. Sie war so klein und so unauffällig platziert, dass man sie leicht übersehen konnte. Carol war sie nur deswegen aufgefallen, weil genau daneben eine Taube saß und sich leise gurrend über die Eindringlinge beschwerte.

»Das ist eine MX05«, sagte Nick erstaunt, nachdem er auf einen Stuhl geklettert war und das winzige Gehäuse fachmännisch begutachtet hatte. »Eine Überwachungskamera der neuesten Generation. Mit extragroßem Weitwinkel-objektiv und Bewegungssensor.«

»Warum sollte sich die Air Force solche Mühe machen, hier eine hochmoderne Überwachungskamera zu installieren?«, fragte Carol erstaunt. »Hier ist doch nichts.«

»Ist sie aktiv?«, fragte Petra.

Nick zuckte mit den Schultern. »Kann ich nicht sagen. Falls ja, gibt es jetzt eine Großaufnahme von mir.«

Da sie nun wussten, worauf sie achten mussten, entdeckten sie immer mehr Kameras: an einem Laternenmast, auf einem Deckenbalken, über einem Türrahmen. Von Paula und Jack hingegen fehlte jede Spur.

Nachdem sie beinahe jedes Gebäude abgesucht hatten, entschieden sie, die Totenkopfschilder zu ignorieren und auch die verbotenen Gebäude zu betreten. Sie befanden sich unweit des Flugzeughangars, auf dessen Dach die Stuntszene mit Jack gedreht worden war, und beschlossen daher kurzerhand, dort zu beginnen.

Im Hangar herrschte dämmriges Licht und eine eigentümliche, fast feierliche Stille. Nick vermutete, dass dieser Eindruck durch die hohe, gewölbte Decke entstand, die entfernt an eine Kathedrale erinnerte. Größentechnisch käme es auf jeden Fall hin.

»Paula? Jack?«, rief Carol. Niemand antwortete.

Petra steuerte eine große Kiste an, hinter der ein Lager aus Decken ausgebreitet worden war. Auf dem Weg dorthin blieb sie plötzlich stehen, bückte sich und hob etwas auf.

»Ich hab was!«, rief sie. Als Nick neben sie trat, zeigte sie ihm ein zerknittertes Stück Papier, auf dem eine Telefonnummer notiert worden war.

»Das ist Paulas Handynummer«, sagte Petra aufgeregt.

»Vielleicht hat sie sie Jack gegeben, und ihm ist der Zettel aus der Tasche gefallen«, vermutete Carol.

Nick ging zu den Decken hinüber. »Die liegen noch nicht lange auf dem Boden«, sagte er. »Dafür sind sie zu sauber. Also waren die beiden mit ziemlicher Sicherheit hier.«

Er sah sich um. Am anderen Ende der Halle fiel Licht aus einem Loch in der Decke. Und dann bemerkte er noch etwas. Er ging näher heran. War das wirklich …?

»Leute, kommt mal her!«, rief er, ohne den Blick abzuwenden. »Das müsst ihr euch ansehen.«

Die Mädchen kamen zu ihm und starrten ebenso verblüfft wie er auf das dünne Seil, das aus dem Loch in der Decke baumelte.

»Ich fass es nicht!«, sagte Carol. »Was soll das denn?«

Petra befühlte das Seil zwischen den Fingern. »Das ist ein Kletterseil aus extrem strapazierfähigen Polyamid-Filamenten. Das benutzen nur Profi-Bergsteiger.«

»Aber warum sollte sich irgendjemand von der Decke abseilen, um in den Hangar zu kommen?«, fragte Carol. »Er kann doch genauso gut die Tür benutzen.«

»Verstehe ich auch nicht«, erwiderte Petra achselzuckend. »Vor allem, weil das Loch ja gar nicht existieren würde, wenn die Kamera nicht hinuntergefallen wäre.«

»Was gibt es hier, dass sich jemand die Mühe macht, auf so umständlichem Weg hereinzukommen?«, fragte Carol.

Sie sahen sich aufmerksam um, doch außer alten Kisten, Paletten und einem Reifenstapel war der Hangar praktisch leer. Nicks Blick fiel auf eine Tür in der Rückwand. »Seht mal«, sagte er und deutete darauf.

»Wahrscheinlich der Hinterausgang«, vermutete Carol.

Nick ging auf die verbeulte Metalltür zu und versuchte vergeblich, sie zu öffnen. Er wollte sich gerade abwenden, als ihm die halbkreisförmigen Schleifspuren auffielen, die sich vor der Tür auf dem staubigen Boden befanden. Er ging in die Hocke und betrachtete die Spuren genauer. Einige Furchen waren recht tief, als wäre die Tür immer und immer wieder über den Boden geschrammt. Außerdem war das Muster nicht verwischt, was darauf hindeutete, dass die Tür erst vor Kurzem geöffnet worden war.

Nachdenklich richtete Nick sich auf und untersuchte die Tür erneut. Sie besaß keine Klinke, sondern lediglich einen einfachen Griff. Das Schlüsselloch darunter war mit einer runden Platte zugeschweißt worden. Also musste es irgendeinen anderen Mechanismus geben, mit dem die Tür geöffnet werden konnte.

Nick suchte den Bereich um die Tür herum ab. Auf der rechten Seite, in etwa anderthalb Meter Höhe, hatte sich eine Holzlatte gelöst und hing ein wenig schief an der Wand. Nick trat näher und besah sich die Latte genauer. Als er dagegendrückte, ließ sie sich ganz einfach zur Seite klappen. Dahinter kam zu seiner Überraschung ein modernes Zahlenpanel zum Vorschein. »Sieh mal einer an«, murmelte er.

»Ganz schöner Aufwand für einen Hinterausgang«, sagte

Carol, die hinter ihn getreten war. »Und schaut mal, dort.« Sie deutete auf ein schwarzes Kästchen oben am Türrahmen – eine weitere Kamera, die den Umkreis der Tür überwachte. Im Gegensatz zu den anderen Modellen war diese ein Stück größer, und ein blinkendes rotes Lämpchen deutete darauf hin, dass sie gerade aufzeichnete.

»Ob wir Ärger bekommen, weil wir uns in einem verbotenen Gebäude aufhalten? Leugnen ist jetzt nämlich zwecklos – wir sind auf Band«, sagte Carol.

Petra schnaubte. »Meine Schwester ist verschwunden. Das ist ja wohl Grund genug, hier drin nachzuschauen.«

»Wer auch immer die Bilder der Kamera checkt, hat in den letzten Tagen ganz schön was geboten bekommen«, meinte Carol belustigt. »Zuerst fällt eine Kamera durchs Dach, dann seilt sich jemand von der Decke, Paula und Jack schlagen ihr Lager auf. Und jetzt wir. So viel war hier wahrscheinlich in den letzten zehn Jahren nicht los.«

Nick runzelte die Stirn. Etwas an Carols Aussage machte ihn stutzig. Er sah von der Kamera zum Loch in der Decke. Dann stellte er sich mit dem Rücken vor die Tür, streckte die Arme ungefähr in dem Winkel von sich, den die Kamera erfassen konnte, und blickte erneut zu dem Loch hinüber. Genau wie er gedacht hatte.

Auch Petra hatte begriffen. »Die Überwachungskamera hat den Absturz der Filmkamera gar nicht aufgezeichnet. Das Loch liegt im toten Winkel.«

»Exakt«, bestätigte Nick. »Und wisst ihr, was das noch bedeutet?«

»Dass derjenige, der sich abgeseilt hat, ebenfalls nicht aufgezeichnet wurde«, sagte Carol.

»Ein merkwürdiger Zufall, oder nicht?«

»Du meinst, er ist absichtlich auf diesem umständlichen Weg in den Hangar gegangen, weil er nicht von der Kamera erfasst werden wollte? Dann hatte er aber Glück. Das Loch war ja bis vor Kurzem noch gar nicht da. Es konnte schließlich niemand wissen, dass Derek die Kamera fallen lassen würde.«

Nick dachte wieder an den Telefonanruf, den Derek kurz vor dem Unfall bekommen hatte. »Da wäre ich mir nicht so sicher«, sagte er nachdenklich.

»Wenn jemand einen solchen Aufwand betreibt, um unentdeckt zu dieser Tür zu kommen, dann muss sich etwas außerordentlich Wichtiges dahinter befinden«, gab Carol zu bedenken.

»Oder etwas außerordentlich Gefährliches«, fügte Nick hinzu.

»Vielleicht haben Paula und Jack herausgefunden, was es ist«, sagte Petra aufgeregt. Sie trat zur Tür und rüttelte an dem Griff. Doch die Tür gab keinen Millimeter nach. Obwohl sie auf den ersten Blick ziemlich klapprig wirkte, schien sie enorm stabil zu sein. »Paula ist auf der anderen Seite der Tür. Ich weiß es.«

Nick sah sie fragend an.

»Ich kann sie spüren. Sie ist hier«, sagte sie mit Bestimmtheit.

Nick glaubte ihr. Die Zwillinge besaßen eine ganz eigene,

tiefe Verbundenheit miteinander, die über die »normaler« Geschwister weit hinausging.

Carol trat zu dem Zahlenpanel und probierte ein wenig daran herum, bewirkte jedoch nur ein rotes Aufleuchten des Tastenfelds.

»Trinity?«, fragte Nick.

»Hab ich vorhin auf Stand-by geschaltet. Irgendetwas hier auf dem Stützpunkt stört ihre Funktion.« Nick erinnerte sich.

Ratlos sahen sich die drei an. Es musste doch einen Weg geben, durch diese verflixte Tür zu kommen. Nick wollte gerade den Türrahmen genauer unter die Lupe nehmen, als vom Eingang des Hangars her eine barsche Stimme ertönte: »Weg von der Tür! Sofort!«

20

Nick, Carol und Petra fuhren ruckartig herum. Eine Gestalt kam langsam auf sie zu, die im Zwielicht des Hangars jedoch nur schemenhaft auszumachen war. Die drei Agenten rückten unwillkürlich näher zusammen und gingen in eine Verteidigungshaltung. Sie hatten keine Ahnung, wer auf sie zukam, aber er hatte nicht sonderlich freundlich geklungen.

Der Mann blieb stehen. Er war jetzt nur noch zehn Meter entfernt, aber das gleißende Sonnenlicht, das hinter ihm durch die offene Hangartür fiel, machte es unmöglich, Genaueres zu erkennen. Nick vermochte nicht einmal zu sagen, ob er bewaffnet war.

Einige Sekunden lang regte sich niemand. Dann erklang wieder die Stimme, dieses Mal jedoch mit einem leicht amüsierten Unterton:»Soso. Ich würde zu gern wissen, was Agenten des BND ohne Genehmigung auf einem Stützpunkt der Air Force zu suchen haben.«

Diese Stimme …

Langsam schlenderte der Mann näher. Leicht untersetzte Konturen formten sich aus den schemenhaften Umrissen heraus. Und auf einmal wusste Nick, woher er die Stimme kannte.

»Miles!«, rief Nick ungläubig.

»In voller Pracht«, erwiderte der CIA-Agent grinsend.

»Ich fass es nicht! Was machst *du* denn hier?« Nick hob die Hand und schlug bei Miles ein.

Auch Carol freute sich aufrichtig, Miles wiederzusehen, und umarmte ihn herzlich. »Wer hätte gedacht, dass wir uns so schnell wiedersehen? Tibet ist ja gerade mal ein paar Monate her.«

»Ja, das hätte ich auch nicht erwartet«, sagte Miles. Ganz unvermittelt wurde sein kumpelhafter Tonfall geschäftsmäßig. »Und damit kommen wir gleich zum entscheidenden Punkt: Was macht ihr hier?«

»Wir suchen meine Schwester.« Petra streckte Miles die Hand entgegen. »Mein Name ist Petra.«

»Sehr erfreut.« Miles ergriff ihre Hand und drückte sie kurz. »Ich bin Miles. CIA.«

»Ich weiß. Nick und Carol haben uns alles über euren Tibet-Einsatz erzählt.«

»Was ist mit deiner Schwester?«

»Sie ist verschwunden. Zusammen mit Jack, deinem ehemaligen Kollegen.«

»Jack?« Miles sah aufrichtig verwirrt drein.

»Auf dem Stützpunkt wurde in den letzten Tagen ein Film gedreht. Und Jack war einer der Stuntmen«, klärte Nick ihn auf.

»Von dem Filmdreh wusste ich. Und dass Jack jetzt als Stuntman arbeitet, auch. Aber dass er ausgerechnet bei diesem Film hier mitmacht ...« Miles schüttelte den Kopf.

Dann seufzte er und sah sie ernst an. »Also schön. Von Anfang an. Und bitte die Kurzversion.«

Die drei erzählten rasch, was sich in den letzten Tagen ereignet hatte. Nick klärte ihn über die Entstehung des Lochs in der Decke auf und deutete dann auf das Seil, das daraus herabhing. Und schließlich teilten sie ihm ihre Vermutung mit, dass alles irgendwie mit dem zusammenhing, was sich hinter der mit einem Zahlencode gesicherten Metalltür befand.

Während Miles überhaupt nicht auf die Sache mit der Tür reagierte, nahm er das Loch in der Decke mit äußerster Bestürzung zur Kenntnis. Nick beschlich ein Verdacht. »Du weißt, was hinter der Tür ist, stimmt's?«, sagte er zu Miles, der argwöhnisch das Seil in Augenschein genommen hatte.

Miles brummte irgendetwas Undefinierbares.

»Und was hat eigentlich ein CIA-Agent auf einem militärischen Stützpunkt zu suchen? Die Air Force hat doch ihren eigenen Geheimdienst, oder nicht?«

Wieder kam aus Richtung des Agenten nur ein leises Brummen.

»Miles?!«, fragte Nick mit deutlich mehr Nachdruck in der Stimme. »Was ist hier los?«

Miles hielt kurz inne, als müsste er erst über die Frage nachdenken. Dann sah er sie bedauernd an. »Das kann ich euch nicht sagen.«

»Du kannst nicht, oder du willst nicht?«, hakte Carol nach.

»Ich darf nicht. Was sich hinter dieser Tür befindet, ist *topsecret*. Und deswegen möchte ich euch bitten, den Hangar sofort zu verlassen und zurück nach Hollywood zu fahren. Gebt mir den Namen eures Hotels, dann komme ich nach und wir reden. Aber jetzt muss ich ein paar Dinge klären, die absolute Priorität haben.«

»Ich gehe nirgendwo hin«, erwiderte Petra und verschränkte die Arme vor der Brust. »Nicht, wenn meine Schwester vielleicht da drin ist.« Mit einem Kopfnicken deutete sie auf die Tür. Auch Nick und Carol machten keine Anstalten, Miles' Bitte nachzukommen.

Miles seufzte. »Ach Leute, jetzt macht's mir doch nicht so schwer.«

»Du verstehst das nicht. Ich glaube, dass Paula in Gefahr ist. Und Jack auch«, sagte Petra.

»Nein, *ihr* versteht das nicht. Selbst wenn ihr wolltet, ihr könntet ihnen nicht helfen. Und ich komme am schnellsten auf die andere Seite der Tür, wenn ihr jetzt geht.«

Er sah fast flehentlich von Nick zu den beiden Mädchen. Doch die drei Agenten rührten sich noch immer nicht.

Miles seufzte. »Euch ist hoffentlich bewusst, dass ich euch wegen Widerstand gegen die Staatsgewalt festnehmen lassen kann. Und von diesem Recht werde ich auch Gebrauch machen, wenn ihr nicht unverzüglich von hier verschwindet!«

Nick klappte der Unterkiefer herunter. »Das ist nicht dein Ernst!«

»Oh doch!«

Sie starrten einander schweigend an. Dann sagte Nick: »Also schön. Gehen wir.«

»Nick!«, rief Petra empört.

»Es hat keinen Sinn, Petra. Miles wird uns nicht weiterhelfen. Und von einer Gefängniszelle aus finden wir Paula und Jack garantiert nicht.«

Petra warf dem CIA-Agenten einen bitterbösen Blick zu. Doch dann nickte sie widerstrebend. Wortlos wandten sich die drei von Miles ab und gingen auf den Ausgang zu.

»Danke, Nick. Ich melde mich dann bei euch«, rief Miles ihnen hinterher.

Keiner der drei reagierte darauf. Als sie aus dem Hangar nach draußen traten, sah Nick verstohlen zu den beiden Mädchen. Petra starrte zornig vor sich hin; Carols Gesichtsausdruck war nicht zu deuten. Auch er selbst wusste nicht, was er von alldem halten sollte. Eines aber stand fest: Aus dem entspanntesten Auftrag aller Zeiten war soeben eine richtig große Sache geworden.

21

Jack unterdrückte ein Stöhnen und richtete sich vorsichtig auf. Er hatte die Nacht auf dem Boden des Serverraums verbracht und war nun dermaßen verspannt, dass er erst mal sämtliche Gliedmaßen durchdehnen musste.

Nach dem Telefonat mit dem Kopf der Bande war am Vortag nicht mehr viel geschehen. Gegen Abend hatten sich Rudy, Costa und Tom aufgeteilt – einer überwachte im Kontrollraum den Fortschritt des Passwort-Crackers, ein anderer legte sich schlafen. Der Dritte blieb im Verlies bei den Geiseln – sehr zu Jacks Bedauern, da er gerne nach Paula gesehen hätte. Die Vorstellung, die ganze Nacht im Serverraum zu verbringen, hatte ihm ganz und gar nicht gefallen. Aber unterm Strich war es das Vernünftigste gewesen.

Er hatte unruhig geschlafen und fühlte sich alles andere als ausgeruht. Ein Blick auf seine Armbanduhr zeigte ihm, dass es sieben Uhr morgens war. Er unterdrückte ein Seufzen und sah durch das Loch in der Wand, um die Lage zu sondieren. Der Passwort-Cracker hatte über Nacht keine nennenswerten Ergebnisse geliefert. Jack konnte erkennen, dass inzwischen fünf Leerstellen belegt waren. Fehlten also immer noch zehn.

Jack hörte, wie sich die Schiebetür öffnete. Kurz darauf erklang Costas Stimme. »Die Kleine ist aufgewacht. Ist immer noch so zickig wie gestern Abend, als sie versucht hat, mir durch die Gitterstäbe hindurch den Arm auszukugeln. Jetzt hab ich mehr Abstand gehalten, aber sie hätte mich beinahe mit Blicken aufgespießt.«

»Und die anderen?«, fragte Rudy.

»Befinden sich immer noch im Reich der Träume.«

»Gut. Sieh mal zu, ob du was Essbares auftreiben kannst«, kommandierte Rudy. »Und Kaffee. Schwarz, drei Stück Zucker.«

»Für mich mit Milch, kein Zucker«, sagte Tom und gähnte lautstark.

Die Schiebetüren öffneten sich erneut. Schritte entfernten sich. Dann war wieder alles still.

Bei Rudys Worten hatte Jacks Magen zu knurren begonnen. Ihm fiel auf, dass er seit gestern Mittag weder etwas gegessen noch getrunken hatte. Doch zuerst beschloss er, nach Paula zu sehen. Er musste ausnutzen, dass gerade niemand bei den Geiseln war.

Ohne Zwischenfälle erreichte er das Verlies. Paula lief in der kleinen Zelle auf und ab und sah finster zu Boden. Als Jack durch die Tür kam, hellte sich ihr Gesicht auf.

»Jack!«, flüsterte sie und trat an die Gitterstäbe. »Was machst du denn hier?«

»Erklär ich dir später. Wie geht's dir?«

»Ich habe eine gewaltige Beule, aber sonst ist alles in Ordnung. Was ist passiert? Wo sind wir hier?«

»Steven, Rudy, Costa und Tom haben eine geheime Anlage gekapert, die sich unterhalb des Hangars befindet«, erklärte Jack rasch. »Sie haben keine Ahnung, dass ich auch hier bin. Aber ich kann nicht viel ausrichten. Sie sind bewaffnet.« Er griff nach Paulas Hand. »Ich würde dich ja gerne hier rausholen, aber das Schloss bekomme ich beim besten Willen nicht geknackt.«

»Warum lässt du mich nicht einfach hier und holst Hilfe?«, fragte Paula.

»Weil die Tür nach draußen mit einem Code gesichert ist. Ohne den komme ich nicht raus.«

»Verflixt«, murmelte Paula und deutete dann auf die bewusstlosen Techniker in der angrenzenden Zelle. »Und wer sind die da?«

»Die arbeiten hier in der Anlage.« Jack berichtete Paula in Kurzform, was sich in den letzten Stunden ereignet hatte. »Die planen irgendwas ganz Großes«, schloss er. »Es klang fast wie ein Anschlag auf die gesamte Weltbevölkerung! Nur habe ich nicht die geringste Ahnung, wie sie das anstellen wollen. Ich weiß ja nicht einmal, was das hier für eine Anlage ist. Die Ausstattung ist jedenfalls hochmodern, alles auf dem neuesten Stand.«

»Atomwaffen?«

Jack zuckte mit den Schultern. »Glaube ich nicht. Aber sicher bin ich mir nicht.«

Paula trat an die Gitterstäbe heran, die die beiden Zellen voneinander trennten, und betrachtete die Techniker nachdenklich. »Die könnten es uns verraten.« Sie stutzte. »Jack?«

»Was?«

»Hast du gesehen, welches Symbol die drei auf ihrer Kleidung haben?«

Jack ging vor der Zelle in die Hocke und sah sich die Laborkittel genauer an. Seine Augen weiteten sich. Schlagartig wurde ihm bewusst, dass er das Symbol schon einmal gesehen hatte – auf der Schiebetür zum Kontrollraum. Wie hatte er das bloß übersehen können? Vielleicht, dachte er mit einem Anflug von Wehmut, weil es ihm so vertraut war, dass er es gar nicht mehr bewusst wahrnahm.

»CIA«, murmelte er. »Das ist das Wappen der CIA.«

Jack brauchte einen Moment, um diese neue Erkenntnis zu verdauen. Die Tatsache, dass sich Rudy und sein Team in das System eines US-Geheimdiensts hackten, machte die Situation in seinen Augen noch um ein Vielfaches bedrohlicher. An ihrer Lage änderte das jedoch wenig.

»Ich kann nicht bleiben«, sagte er zu Paula. »Wenn sie mich entdecken, haben wir überhaupt keine Chance mehr, hier herauszukommen.«

»Aber du kommst wieder, ja?«

»Ich versuch's. Halt die Ohren steif.«

Paula lächelte gequält.

Jack trat aus dem Verlies und lief die wenigen Stufen in den neuen Teil der Anlage hinauf. Als er etwa die Hälfte des Gangs zurückgelegt hatte, bog auf der anderen Seite plötzlich Costa um die Ecke.

Geistesgegenwärtig warf sich Jack nach links, öffnete die

Tür und verschwand in der dahinterliegenden Dunkelheit. Doch es war zu spät. Er kam nicht einmal mehr dazu, die Tür hinter sich zu schließen.

»He, wer da?«, rief Costa. Schritte näherten sich rasch. »Komm raus, oder ich schieße!« Etwas huschte zwischen Jacks Füßen hindurch nach draußen. Eine Sekunde später donnerte ein ohrenbetäubender Knall durch die Anlage. Costa hatte seine Drohung wahr gemacht.

»Sag mal, spinnst du? Was ballerst du hier rum?«, hörte Jack Rudy am Ende des Gangs brüllen. Costa erwiderte nichts und kam weiter auf die Tür zu. Jack zog sein Messer aus der Tasche und wappnete sich innerlich. Kampflos würde er sich nicht geschlagen geben, Waffe hin oder her.

Doch die Schritte verharrten kurz vor der Tür. Jack stutzte und lugte durch den Türspalt. Mit einem angewiderten Gesichtsausdruck hob Costa etwas vom Boden auf – eine große, blutverschmierte Ratte.

»Was soll das, Costa?«, fragte Rudy wütend. »Auf wen hast du geschossen?«

Der Kameramann wandte sich zu Rudy um und hielt die Ratte triumphierend in die Höhe. »Ungeziefer. Wusste ich doch, dass ich was gehört habe.«

»Deswegen ballerst du hier rum?«, fragte Rudy entgeistert.

»Ich hasse Ratten. Die Scheißviecher haben nichts Besseres verdient.«

»Ich will nicht, dass du hier einen auf Revolverhelden machst, klar? Schon gar nicht wegen 'ner scheiß Ratte. Und jetzt entsorg das Vieh irgendwo.«

»Ist ja schon gut.«

In diesem Moment bog Tom um die Ecke. »Hey Leute, das müsst ihr euch ansehen. Auf den Überwachungskameras«, rief er. »Ich befürchte, wir bekommen ein Problem.«

»Verflucht, was ist denn jetzt schon wieder?«, knurrte Rudy. Alle drei machten auf dem Absatz kehrt und liefen in Richtung Halle.

Jack atmete auf. Das war knapp gewesen. Doch er kostete seine Erleichterung nicht lange aus. Er wollte ebenfalls wissen, was Tom auf den Überwachungskameras gesehen hatte. Was für Rudy und Co. ein Problem war, konnte Paulas und seine Rettung bedeuten. Rasch lief er die wenigen Meter zum Serverraum hinüber, glitt in die Lücke hinter den Schränken und kniete sich vor das Loch. Durch die kleine Öffnung waren die erregten Stimmen der drei Gangster laut und deutlich zu verstehen.

»War ja klar, dass die irgendwann hier auftauchen.«

»Ich hab's ja gleich gesagt: Die Kleine wird noch zu einem Problem. Wir hätten sie gar nicht erst mit hier runter nehmen sollen.«

»Beruhigt euch. Was soll denn groß passieren?«

»Wenn sie Verdacht schöpfen, hetzen sie uns den gesamten BND auf den Hals. Ob sie über Ralph Bescheid wissen?«

»Jetzt scheiß dir nicht die Hosen voll. Der Boss wird schon dafür sorgen, dass sie die Füße stillhalten.«

Jack verrenkte sich fast den Hals, um durch das Loch etwas erkennen zu können. Die meisten Monitore lagen außerhalb seines Sichtfelds, doch dann erschien auf einem der Bildschirme plötzlich eine Großaufnahme von Nicks Gesicht, der direkt in die Kamera guckte. Kurz darauf erkannte Jack auch Carol und Petra.

In der folgenden Stunde verfolgte er mit, wie die drei den gesamten Stützpunkt nach ihnen absuchten – und wie Rudy, Costa und Tom von Minute zu Minute nervöser wurden. Nach einer gefühlten Ewigkeit betraten die drei Agenten schließlich den Hangar, durchsuchten ihn und verschwanden dann für einen kurzen Moment von den Bildschirmen. Jack vermutete, dass es an der Stelle einen toten Winkel gab.

Mit einem Mal fluchte Tom laut auf und deutete auf einen anderen Monitor. Eine weitere Person hatte den Hangar betreten. Das war doch … Jack presste das Auge gegen das Loch, konnte jedoch keine Einzelheiten erkennen. Als die Kamera umsprang und ein anderer Bildschirm den Mann etwas deutlicher zeigte, musste Jack ein Keuchen unterdrücken. Er hatte sich nicht getäuscht. Vor der Tür im Hangar stand Miles, sein ehemaliger Partner. Was zum Teufel ging hier bloß vor sich? Er beobachtete, wie die vier kurz miteinander diskutierten und Nick, Carol und Petra schließlich wutentbrannt davonstapften. Nachdem sie den Hangar verlassen hatten, versuchte auch Miles, die Tür zu öffnen, indem er eine Zahlenkombination in das Panel tippte. Doch die Tür blieb verschlossen. Nach zwei weiteren Versuchen gab Miles auf. Er warf noch einen besorgten Blick in die Kamera über der Tür und verließ ebenfalls den Hangar.

»Verflixt«, sagte Tom. »Das war der Typ von der CIA.«

»Wieso ist der so schnell hier aufgetaucht?«, fragte Costa. »Sollte das mobile Team die CIA nicht ablenken?«

»Keine Panik, Leute«, entgegnete Rudy, doch seiner Stimme war anzuhören, dass er selbst Mühe hatte, Ruhe zu bewahren. »Dann wissen sie eben, dass wir die Anlage in unserer Gewalt haben. Aber sie haben das gleiche Problem wie alle anderen auch – sie kommen hier nicht rein. Die Tür besteht aus zwanzig Zentimeter dickem Stahl. Die hält sogar 'nem Bombenangriff stand.«

»Ich geb dem Boss Bescheid«, sagte Tom. »Spätestens morgen Vormittag ist das Passwort geknackt. Bis dahin müssen sie uns die Vögel von der CIA irgendwie vom Hals halten.«

Tom griff zum Telefonhörer und wählte eine Nummer. Dann berichtete er, was geschehen war. Doch Jack verstand diesmal nicht, was der andere Gesprächsteilnehmer sagte, da Tom den Lautsprecher nicht angestellt hatte.

Jack ließ sich nach hinten sinken und vergrub den Kopf in den Händen. Er wusste nicht, ob er sich jemals derart machtlos und frustriert gefühlt hatte. Die Hilfe war so nah gewesen. Und am Ende scheiterte alles an einer verdammten Tür.

22

»Wir müssen irgendetwas unternehmen! Jack und Paula sind hinter dieser Tür. Wir können doch nicht einfach nach Hause fahren und so tun, als wäre nichts passiert, nur weil euer Freund ein bisschen mit seiner CIA-Marke gewedelt hat.«

Petra war sauer. Und das durchaus zu Recht, wie Nick fand. Er und Carol konnten sich Miles' Verhalten ebenso wenig erklären, aber ihnen war keine andere Wahl geblieben, als seiner Aufforderung nachzukommen. Zumindest vorerst.

Carol setzte den Blinker und bog auf die Interstate Richtung L.A. ein. »Wir sollten Faber anrufen«, sagte sie, während sie sich in den Verkehr einfädelte. »Er muss wissen, was hier vor sich geht. Allein können wir ohnehin nichts mehr ausrichten.«

Nick holte seufzend sein Handy hervor und wählte Fabers Nummer. »Er wird begeistert sein über diese Nachrichten.«

Nick sollte recht behalten. Das Gespräch begann bereits unter keinen guten Vorzeichen, da Nick Faber in einer äußerst wichtigen Besprechung störte. Als er ihm von den Vorfällen berichtete, von Jacks und Paulas Verschwinden, der Tür im Hangar, Miles und seinem merkwürdigen Verhalten, grummelte Faber, dass man sie offenbar keine Minute allein lassen könne, ohne dass irgendjemand Dummheiten anstelle, versprach aber, bei Hank Colesmith, dem Leiter der CIA, nachzuhaken, mit dem er in einer halben Stunde zum Lunch verabredet war. Dann legte er auf.

In den nächsten Minuten hingen sie alle drei ihren Gedanken nach. Nick schaute aus dem Fenster und ließ die kalifornische Wüste auf sich wirken. Der Himmel besaß hier ein viel intensiveres Blau als zu Hause. Viele kleine und große Wolkenformationen in den unterschiedlichsten Weiß-Schattierungen zogen sich bis zu einer Bergkette am Horizont und schienen so tief zu hängen, dass man fast meinte, sie berühren zu können. Die Landschaft hatte im Grunde nur wenig Spektakuläres, trotzdem faszinierte sie Nick.

Im Hintergrund lief das Radio. Gerade begannen die Nachrichten. Carol horchte auf und drehte lauter. Die Nachrichtensprecherin verkündete den überraschenden Rücktritt des kalifornischen Gouverneurs. Seinen Entschluss hatte er heute Morgen auf einer Pressekonferenz mitgeteilt, auf der er eigentlich den Gesetzesentwurf zur Reformierung des Arbeitslosengelds unterzeichnen wollte, für den er sich jahrelang eingesetzt hatte und der als wichtiger Schritt in seiner politischen Karriere galt. Die anwesenden Journalisten berichteten, dass der Gouverneur einen ungewohnt abwesenden Eindruck gemacht habe. Im Anschluss an seine Rede war er sofort in ein Krankenhaus gebracht worden, was Spekulationen befeuerte, dass es sich um einen krankheitsbedingten Rücktritt handele, auch wenn der Gouverneur sich bis dato bester Gesundheit erfreut hatte. Offizielle Informationen zum derzeitigen Zustand des Gouverneurs gab es keine, Insider berichteten, dass er offenbar nicht ansprechbar sei.

Als die Sprecherin zur nächsten Meldung überging, schaltete Carol das Radio aus. »Schon wieder so ein seltsamer Vorfall«, sagte sie nachdenklich. »Langsam glaube ich auch, dass mehr dahintersteckt.«

»Aber ich sehe nach wie vor keine Verbindung zwischen den Fällen«, warf Nick ein. »Ein Kameramann, eine Schauspielerin, Surfer, jetzt der kalifornische Gouverneur – ich wüsste nicht, was diese Leute miteinander verbindet.«

»Vielleicht müssen sie gar nichts gemeinsam haben«, sagte Petra. »Vielleicht wurden sie zufällig ausgewählt.«

»Aber wozu?«, fragte Carol.

Nicks Handy klingelte. Auf dem Display erkannte er die Nummer von Direktor Faber. Er bedeutete den Mädchen, still zu sein, und nahm den Anruf entgegen.

»Ja?«, meldete er sich knapp.

»Ich habe keine Ahnung, wie ihr das angestellt habt, aber ihr scheint da in ein riesengroßes Wespennest gestochen zu haben.« Faber kam ohne Umschweife zur Sache. »Ich habe Hank die Situation geschildert und gefragt, was einer seiner Leute auf einem militärischen Stützpunkt zu suchen habe. Hank ist seit Beginn der Tagung ohnehin schon ziemlich nervös, aber nach meiner Frage ist er regelrecht explodiert.

Er hat mich unmissverständlich darauf hingewiesen, dass der Stützpunkt nicht nur auf amerikanischem Grund und Boden sei, sondern auch militärischer Sicherheitsbereich, und dass deutsche Agenten ohne Genehmigung dort nichts zu suchen hätten. Womit er übrigens recht hat, möchte ich hinzufügen. Ihr hättet den Stützpunkt nicht einfach betreten dürfen, ohne die entsprechenden Behörden darüber zu informieren. Wie auch immer. Hank hat mir deutlich zu verstehen gegeben, dass ihr euch da raushalten sollt. Falls wirklich eine BND-Agentin auf dem Stützpunkt festsitzt, wird er sich darum kümmern.«

»Ich will ja nicht unverschämt erscheinen, aber das klingt doch sehr nach geheimdienstlichem Kompetenzgerangel. Hier geht es nicht um Zuständigkeiten, sondern darum, dass eine unserer Agentinnen in Gefahr sein könnte«, erwiderte Nick.

»Ich verstehe, dass es euch schwerfällt, nichts weiter zu unternehmen. Mir auch, Nick, das kannst du mir glauben. Aber Hank hat mir heftige Konsequenzen angedroht, falls wir uns nicht an seine Anordnung halten. Ich kann darüber nicht weiter ins Detail gehen, aber seine ›Argumente‹ waren ziemlich überzeugend. Unter diesem Stützpunkt muss sich etwas befinden, was für die CIA von außerordentlichem Interesse ist.«

»Haben Sie eine Ahnung, worum es sich dabei handelt?«, fragte Nick.

»Eine Ahnung, ja. Aber mehr darf ich dir nicht sagen. Haltet euch vom Stützpunkt fern. Sonst provozieren wir einen Eklat zwischen CIA und BND – und das auf höchster internationaler Ebene. Ich will Paula auch da rausholen, aber in diesem Fall überlassen wir das besser den amerikanischen Kollegen. Hank weiß, was er tut. Ich bin sicher, dass er alles im Griff hat. Versprecht mir, dass ihr euch aus der Sache raushaltet.«

Nick schwieg und sah nach vorn zu Petra. Sie hatte sich zu ihm umgedreht und beobachtete ihn gespannt.

»Nick?«, hakte Faber nach.

»Na schön«, antwortete er zögernd. »Wir halten uns raus.«

23

Wenn Blicke töten könnten – Nick wäre augenblicklich leblos auf der Rückbank zusammengesackt.

»Das ist nicht dein Ernst«, fauchte Petra. »Du willst Paula im Stich lassen? Dann weiß ich ja, was ich unternehme, wenn du in Schwierigkeiten gerätst. Nämlich exakt nichts.«

»Beruhige dich, Petra«, erwiderte Nick. »Ich habe nicht vor, Paula und Jack im Stich zu lassen.«

»Interessant. Und warum hast du Faber dann gerade versprochen, dass wir uns raushalten?«

»Irgendetwas musste ich ihm schließlich sagen. Es hätte überhaupt nichts gebracht, mit ihm zu diskutieren. Ich wollte ihn in Sicherheit wiegen.« Das stimmte zwar, doch Nick vermutete, dass Faber sich seinen Teil denken konnte. Er kannte seine Schüler gut genug, um zu wissen, dass sie nicht tatenlos im Hotelzimmer herumsitzen würden, bis Paula von alleine wieder auftauchte.

»Und was sollen wir jetzt deiner Meinung nach unternehmen?«, fragte Petra. Sie klang immer noch verärgert, aber zumindest schossen ihre Augen keine tödlichen Pfeile mehr in seine Richtung.

»Ich weiß es nicht«, gestand Nick. »Wir könnten uns vernünftige Ausrüstung besorgen und heute Nacht noch einmal zum Stützpunkt fahren. Vielleicht gibt es noch andere Türen als die im Hangar.«

»Gar keine schlechte Idee«, sagte Petra.

Carols Handy klingelte. Sie tastete nach dem Telefon, das sie in die Mittelkonsole gelegt hatte. Nick und Petra achteten nicht darauf. Sie waren zu sehr damit beschäftigt zu überlegen, wie sie weiter vorgehen würden.

»Außerdem sollten wir das Filmteam genauer unter die Lupe nehmen«, warf Petra ein. »Die Sache mit dem Loch in der Hangardecke, genau im toten Winkel der Kamera – das wäre wirklich ein merkwürdiger Zufall.«

»Stimmt. Und was ist eigentlich mit Rudy, Costa und Tom? Gestern Abend haben wir nur Steven gesehen. Die anderen drei sind nicht wieder aufgetaucht.«

»Da ist eindeutig was faul.« Petra drehte sich wieder nach vorn und verschränkte die Arme vor der Brust. Plötzlich weiteten sich ihre Augen. Reflexartig hielt sie sich am Griff der Beifahrertür fest. »Carol, du fährst viel zu schnell.«

Jetzt fiel es auch Nick auf. Der Wagen hatte kontinuierlich an Geschwindigkeit zugelegt. Inzwischen raste die Landschaft förmlich am Fenster vorbei.

Petra löste ihren Blick von der Straße und schaute zu Carol. »Carol? Was ist los? Fahr langsamer, hörst du?« Doch Carol reagierte nicht. Sie sah starr geradeaus und gab unablässig weiter Gas. »Carol!«, schrie Petra. In ihre Stimme mischte sich Panik. »Fahr langsamer. Was soll das? Willst du uns alle umbringen? Carol!!«

Auch in Nick stieg Panik auf. Es herrschte zwar wenig Verkehr, doch sie fuhren inzwischen so schnell, dass Carol kurz davor war, die Kontrolle über das Fahrzeug zu verlieren. Was war nur mit ihr los? Warum reagierte sie nicht? Es dauerte zwei, drei weitere panische Sekunden, bis Nick begriff. Das Handy! Er konnte sich noch erinnern, dass sie den Anruf angenommen hatte. Aber danach hatte gar kein Gespräch stattgefunden. Sie hatte das Handy wieder in die Mittelkonsole gelegt, und kurz darauf hatte der Wagen beschleunigt.

Ein tiefes, dröhnendes Hupen ertönte. »Petra!«, schrie Nick und deutete auf den Gegenverkehr. »Da vorn!«

Ihr Auto befand sich bereits zur Hälfte auf der Gegenfahrbahn, auf der ihnen ein riesiger Truck entgegenkam. Petra reagierte instinktiv. In letzter Sekunde riss sie das Steuer herum. Der Truck verfehlte sie nur um Zentimeter. Der Wagen schlingerte heftig hin und her und brach schließlich aus. Carol hatte nun vollkommen die Beherrschung über das Fahrzeug verloren, drückte aber nach wie vor den Fuß auf das Gaspedal. Petra versuchte verzweifelt, gleichzeitig das Steuer festzuhalten und Carols Bein wegzudrücken. »Nick«, rief sie zwischen zusammengebissenen Zähnen hindurch. »Ich schaff's nicht. Du musst mich abschnallen, dann kann ich mich besser bewegen.«

Nick löste rasch seinen eigenen Sicherheitsgurt und beugte sich nach vorn, um Petras zu lösen. In dem Moment schlingerte der Wagen erneut. Nick wurde über die halbe Rückbank geschleudert, und Petra knallte unsanft gegen die

Mittelkonsole. Der Wagen kam von der Fahrbahn ab und rumpelte über den unebenen Erdboden. Sie verloren deutlich an Fahrt, und endlich gelang es Petra, Carols Bein ein Stück zur Seite zu schieben. Ihr Fuß rutschte vom Gas. Kurz darauf kamen sie zum Stehen.

In Nicks Kopf herrschte ein Durcheinander aus Erleichterung, Schmerz und Verwirrung. »Petra?«, fragte er. »Alles in Ordnung?«

»Ja«, erwiderte sie. Als sie sich zu ihm umdrehen wollte, presste sie sich mit schmerzverzerrtem Gesicht die Hand an die Seite. »Ich glaube schon.«

»Und du, Carol?« Doch Carol reagierte nicht.

Er stieg aus dem Wagen. Sein ganzer Körper schmerzte, aber er schien nicht ernsthaft verletzt zu sein. Behutsam öffnete er die Fahrertür. Carol saß zusammengesunken auf dem Sitz und starrte ins Leere. Sie blutete aus einer Platzwunde an der Schläfe.

»Ich ruf einen Krankenwagen«, sagte Petra.

»Okay«, erwiderte Nick. Er schnallte Carol ab, doch viel mehr konnte er nicht für sie tun. Immerhin schien sie keine weiteren Verletzungen zu haben. Er ließ sich neben der offenen Fahrertür zu Boden sinken. Sie hätten tot sein können. Was war bloß geschehen? Warum reagierte Carol nicht? Mit wem hatte sie telefoniert?

Ein Übertragungswagen näherte sich, verringerte kurz das Tempo und fuhr dann weiter Richtung L.A. Doch Nick war so in Gedanken versunken, dass er ihm keine Beachtung schenkte.

Mit einem sanften Ruck kam der Krankenwagen zum Stehen. Kurz darauf öffnete sich die Heckklappe. Die beiden Sanitäter zogen die Trage mit Carol aus dem Wagen und schoben sie auf den Eingang mit der Aufschrift *Emergency Room* zu. Die Glastüren glitten zur Seite, ließen die Sanitäter mit ihrer Patientin passieren und schlossen sich schnell und lautlos wieder hinter ihnen.

Nick stieg aus dem Krankenwagen und beeilte sich, ihnen zu folgen. Er zwängte sich durch eine Gruppe aus Krankenschwestern und Ärzten, die ihm entgegenkam, und betrat die Notaufnahme.

Es ging zu wie in einem Taubenschlag. Überall wuselten Schwestern und Pfleger in blauen Kitteln umher, wedelten mit Formularen, brachten Infusionsbeutel oder Verbandsmaterial; Ärzte eilten über die Gänge und in die verschiedenen Untersuchungszimmer; Patienten wurden hastig zum Röntgen oder in einen OP geschoben. Nick sah sich suchend um. Schließlich entdeckte er Carol und die Sanitäter neben dem Aufnahme-Schalter. Ein Arzt und eine Krankenschwester standen bei ihnen.

»... Platzwunde, sonst keine äußeren Verletzungen, keine

verbale Reaktion, Muskelreflex negativ, Atmung normal, Blutdruck 110 zu 60.«

»Verdacht auf Schädel-Hirn-Trauma. Bringt sie in die Zwei. Und ruf beim CT an«, wies der Arzt die Krankenschwester in gelassenem Tonfall an. Die Sanitäter schoben Carol in ein Untersuchungszimmer. Als Nick ihnen folgen wollte, hielt der Arzt ihn auf.

»Hey, Moment mal. Du kannst da nicht rein.«

»Das ist meine … meine Cousine«, erwiderte Nick. »Ich möchte nur wissen, wie es ihr geht.«

»Wie heißt deine Cousine?«

»Carol. Caroline Connor.«

»Tut mir leid, aber du kannst bei den Untersuchungen nicht dabei sein«, sagte der Arzt und deutete den Gang hinunter. »Da hinten gibt es einen Wartebereich. Ich kümmere mich jetzt um deine Cousine und komme dann zu dir.«

Widerstrebend betrat Nick das Wartezimmer und ließ sich auf einen Plastikstuhl fallen, der genauso unbequem war, wie er aussah. Selbst hier drinnen war die Hektik der Notaufnahme noch zu spüren, auch wenn die Rufe, die hastigen Schritte auf dem Linoleumboden und das Piepsen der Gerätschaften zu einem einheitlichen Geräuschteppich verschwammen. Nick sah sich um. Es warteten noch andere Leute hier, doch niemand schien Notiz von ihm zu nehmen. Auf einem großen Bildschirm lief eine stumm geschaltete Dokumentation über das Leben im Regenwald, und auf einem Tisch lagen die üblichen Zeitschriften aus. Nick begann, nervös mit dem Fuß zu wippen und an seiner Unterlippe zu nagen. Er hasste es, zur Untätigkeit verdammt zu sein.

Er zog sein Handy aus der Hosentasche und schrieb eine Nachricht an Petra, die sich bereit erklärt hatte, das verbeulte, aber noch fahrtüchtige Auto zurück nach Hollywood zu bringen. *Sind im Krankenhaus. C reagiert immer noch nicht. Melde mich, wenn ich mehr weiß. N*

Er steckte das Handy wieder ein. Dann lehnte er sich zurück, schloss die Augen und ließ noch einmal die Ereignisse Revue passieren. Bis zu dem Unfall war die Fahrt unspektakulär verlaufen, und Carol hatte einen vollkommen normalen Eindruck gemacht. Dann hatte ihr Handy geklingelt, sie war rangegangen und … ihr Handy! Nick richtete sich ruckartig auf. Er hatte es eingesteckt, bevor er zu Carol in den Krankenwagen gestiegen war! Rasch durchwühlte er seinen Rucksack, bis er das Telefon gefunden hatte. Es war das gleiche Modell wie seins und auf die gleiche Weise gesichert – mit biometrischem Fingerabdruck.

»Bruno?«, flüsterte er leise. Er sah sich rasch im Wartebereich um. Zwar beachtete ihn immer noch niemand, trotzdem wollte er nicht den Eindruck erwecken, Selbstgespräche zu führen. Er nahm sich eine der Zeitschriften und klappte sie so auf, dass sein Gesicht dahinter verborgen war.

»Ja?«, antwortete die vertraute Stimme seines CBPIs. Bruno hatte sich ganz entgegen seiner sonstigen Art in den letzten Stunden stark zurückgehalten, als spürte er, dass Nick sein Geplapper gerade nicht ertragen konnte – auch wenn ein Computerprogramm natürlich nicht dazu in der Lage war, etwas zu spüren, hoch entwickelter Emotionschip hin oder her.

»Ich muss an Carols Handy ran. Kannst du irgendwie die biometrische Sperrung umgehen?«

»Das ist nicht dein Ernst«, erwiderte Bruno empört. »Du willst deine Freundin ausspionieren, während sie im Koma liegt? Das verstößt gegen jeglichen Ehrenkodex. Gegen Anstand und Moral. Gegen jede Art von Feingefühl. Da mach ich nicht mit.«

»Nun mal halblang. Ich will Carol nicht ausspionieren. Ich will herausfinden, von wem der Telefonanruf stammt, den sie kurz vor dem Unfall bekommen hat.«

»Ach so«, erwiderte Bruno. »Verstehe. Aber ich kann dir trotzdem nicht helfen. Tut mir leid.«

»Kannst du nicht, oder willst du nicht?«

»Ich kann nicht. Die Daten von Carols Handy liegen auf einem Server, zu dem ich keinen Zugriff habe.«

»Aber Trinity könnte. Carol hat ihr CBPI doch bestimmt mit ihrem Handy synchronisiert.«

»Schon möglich«, erwiderte Bruno zögernd.

»Dann frag sie.«

»Ich weiß nicht, was ich davon halten soll, Nick. So etwas gehört sich einfach nicht. Ohne das Wissen des anderen das Handy auszuspionieren. Das ist privat.«

»Das ist mir vollkommen egal. Hier gehen ganz seltsame Dinge vor sich, und ich will wissen, warum. Ich habe nicht vor, durch Carols Fotos oder Nachrichten zu scrollen. Alles, was mich interessiert, ist der letzte Anruf. Also los, das ist ein Befehl.«

»Na schön.« Nach nur einer Sekunde meldete er sich wieder. »Tut mir leid, es geht nicht.«

»Warum?«

»Trinity ist offenbar so programmiert, dass sie mir nur Dinge mitteilen kann, wenn Carol bei Bewusstsein ist.«

»Verflixt!« Nick ließ die Zeitschrift sinken und fluchte. Damit verabschiedete sich gerade der einzige Anhaltspunkt, den er gehabt hatte. Ein Mann mit Kopfhörern zwei Stühle weiter sah ihn misstrauisch an. Rasch versteckte Nick sich wieder hinter den Seiten des Magazins.

»Mir kommt da gerade eine Idee«, sagte Bruno. »Einen Augenblick …« Wieder dauerte nicht länger als eine Sekunde. »Ich hab's. Aber das Resultat wird dir nicht gefallen.«

»Du hast die Nummer?«, flüsterte Nick aufgeregt.

»Ja und nein.«

»Wie hast du das gemacht? Ich dachte, Trinity dürfe dir nichts sagen.«

»Verrate ich nicht. Auch CBPIs haben Geheimnisse.«

»Aha. Und wem gehört die Nummer nun?«

»Weiß ich nicht.«

»Bruno?!«, zischte Nick. »Du hast doch gerade gesagt –«

»Ja und nein, hab ich gesagt. Ja, ich bin an die Information gekommen. Und nein, ich habe keine Nummer für dich. Sie stammte von einem unbekannten Anrufer.«

»Das ist doch für Trinity normalerweise kein Problem.«

»Stimmt. Das ist ja das Merkwürdige. Die Nummer ist so

gut verschlüsselt, dass selbst Trinity sie nicht zurückverfolgen kann. Sie meint, die Verschlüsselung sei äußerst ungewöhnlich, als wäre der Anruf nicht von einem Telefon gekommen, sondern künstlich generiert worden.«

»Du meinst, von so einem Computerprogramm, das wahllos irgendwelche Nummern anruft?«

»Nein. Anders. Ungewöhnlich eben.«

»Hm«, machte Nick. Nachdenklich klappte er die Zeitschrift zusammen und legte sie zurück auf den Stapel. Ein sonderbarer Telefonanruf, der nicht länger als drei oder vier Sekunden gedauert hatte. Genau wie bei Derek. Und auch Mileys Telefon hatte geklingelt, bevor sie ausgerastet war. Ob die Surfer oder der kalifornische Gouverneur telefoniert hatten, wusste er nicht, aber ihr merkwürdiges Verhalten und ihre anschließende Abwesenheit passten genau ins Bild. Der Anruf löste den paralysierten Zustand der Betroffenen aus. Aber wie? Ihm fiel ein, dass man Menschen durch Hypnose beeinflussen konnte. In der Schule hatten sie gelernt, dass oft ein einziges, zuvor in mehreren Sitzungen eingeübtes Codewort genügte, um bestimmte Verhaltensweisen oder Gefühlszustände auszulösen, an die sich der Hypnotisierte später nicht mehr erinnerte. Das bedeutete jedoch, dass Carol, Miley, Derek und alle anderen hypnotisiert worden sein mussten, und das erschien ihm doch höchst unwahrscheinlich. Natürlich war er nicht Tag und Nacht mit Carol zusammen, aber wenn sie regelmäßig zu einem Hypnotiseur gegangen wäre, hätte er das sicherlich mitbekommen.

Welche Möglichkeit gab es noch, einen solchen Zustand auszulösen? Welche Verbindung bestand zwischen den Opfern? Und was bezweckte der Anrufer damit?

Seine Grübeleien wurden jäh unterbrochen, als der Arzt das Wartezimmer betrat. Nick stand hastig auf und ging zu ihm.

»Wie geht es Carol?«

Der Arzt – sein Name war Dr. Kurtz, wie das Namensschild auf seiner Brusttasche verriet – fasste Nick am Ellbogen und führte ihn auf den Gang hinaus, wo momentan so etwas Ähnliches wie Ruhe eingekehrt war. »Den Umständen entsprechend gut«, sagte Dr. Kurtz. »Ich möchte gerne mit ihren Eltern sprechen. Hast du sie schon informiert?«

Das Anliegen des Arztes war vollkommen nachvollziehbar. Schließlich waren Carol und er noch nicht volljährig. Nick musste sich rasch etwas einfallen lassen, um keinen Verdacht zu erregen. »Unsere Eltern machen zusammen eine Woche Urlaub in den Bergen«, log er. »Sie haben nur sporadisch Empfang. Keine Ahnung, wann ich sie wieder erreiche. Können Sie mir sagen, was Carol fehlt? Wenn ich warten muss, bis unsere Eltern hier sind, drehe ich noch durch. Ich mache mir solche Sorgen.«

Der Arzt runzelte die Stirn. Wahrscheinlich wurde er öfter mit kruden Geschichten konfrontiert, damit er etwas über den Gesundheitszustand eines Patienten verriet. Nick fluchte innerlich, aber auf die Schnelle war ihm nichts Besseres eingefallen.

Plötzlich öffneten sich die Türen zur Notaufnahme, und

mehrere Sanitäter mit Verletzten drängten durch die Tür. Sofort brach wieder Hektik auf dem Gang aus. Angesichts der Arbeit, die auf ihn zukam, beschloss der Arzt offenbar, Nick zu glauben.

»Also schön. Ihre Werte sind stabil, aber sie ist nach wie vor nicht ansprechbar. Sie hat eine leichte Gehirnerschütterung, aber das CT hat keine Quetschungen oder Schwellungen gezeigt, die für ihren Zustand verantwortlich sein könnten. Wir behalten sie hier und machen weitere Untersuchungen, um herauszufinden, was ihr fehlt.«

Bevor Nick irgendwelche Frage stellen konnte, wandte Dr. Kurtz sich ab und eilte zu den Verletzten.

»Darf ich zu ihr?«, rief Nick ihm nach.

Doch der Arzt hörte ihn schon nicht mehr. Nick wich zur Seite, um einen Tross Krankenschwestern mit einer Trage vorbeizulassen. Dann ging er über den Flur, bis er die Tür mit der Aufschrift »2« erreicht hatte. Er schlüpfte hindurch und schloss sie hinter sich. Sofort wurden sämtliche Geräusche ausgesperrt. Eine tiefe, dumpfe Stille senkte sich über das Zimmer, nur unterbrochen von dem gleichmäßigen Piepsen eines Monitors, der Carols Puls anzeigte. Es gab keine Fenster im Raum. Die einzige Lichtquelle war eine Lampe über dem Bett, die ihre unmittelbare Umgebung in ein sanftes, beinahe gemütliches Licht tauchte. Alles andere versank in Dunkelheit.

Nick trat ans Bett und betrachtete Carol. Ihr Gesicht war ungewöhnlich blass. Die Platzwunde an ihrer Schläfe war mit ein paar Stichen genäht worden. Ihre Augen waren starr an die Decke gerichtet. »Carol?«, sagte Nick leise. Keine Reaktion.

Vorsichtig ergriff Nick ihre Hand, die unter der Bettdecke hervorschaute. Sie fühlte sich kalt an, als wäre Carol im Winter zu lange ohne Handschuhe draußen gewesen. Behutsam strich er darüber. Dann drückte er einmal kräftig zu. Doch Carol reagierte immer noch nicht, sondern starrte unverändert an die Decke, mit dumpfem, ausdruckslosem Blick.

Nick schluckte schwer und kämpfte darum, die Tränen zurückzuhalten. Das war nicht Carol, dachte er. Nicht mehr. Das hier war nur noch eine leere, kalte Hülle.

Nur noch wenige Meilen, dann hatte er es geschafft. Dann hatte er sich einen Jugendtraum erfüllt und war die gesamte Route 66 abgefahren. Zu dumm, dass er sich deswegen mit seiner Freundin gestritten hatte. Sie hatte es für Zeitverschwendung gehalten und für Umweltverschmutzung obendrein.

Er konnte kaum in Worte fassen, wie frei er sich in den letzten Tagen gefühlt hatte. Fast zweieinhalbtausend Meilen lang war er sein eigener Herr gewesen, hatte in seinem eigenen Rhythmus gelebt, hatte gegessen, geschlafen und hübschen Frauen hinterhergeschaut, ohne auf die Befindlichkeiten von jemand anderem Rücksicht nehmen zu müssen.

Er konnte bereits das Riesenrad sehen. Die Route 66 endete am Santa Monica Pier, und er hatte sich vorgenommen, seinen Trip mit einem Besuch im Pacific Parc, dem großen Vergnügungspark direkt am Meer, zu feiern. In wenigen Minuten würde er auf dem Riesenrad sitzen und sich das Wasser, die Stadt und das bunte Treiben am Pier von oben ansehen. Jetzt musste er nur noch einen Parkplatz finden.

Sein Handy klingelte. Verwundert sah er auf das Display. Ihn hatte seit Tagen niemand mehr angerufen. Unterdrückte Nummer. Komisch. Er nahm ab. Im gleichen Moment wurde alles schwarz.

25

Eine Stunde später war Carol von der Notaufnahme auf die Intensivstation verlegt worden. Die dort zuständige Schwester hatte Nick eindeutig zu verstehen gegeben, dass Carol nun Ruhe brauche und er nicht länger bei ihr bleiben dürfe. Nick konnte sich jedoch nicht dazu durchringen, wieder ins Hotel zurückzugehen. Er schrieb Petra eine kurze Nachricht und drückte sich dann eine Weile im Gang vor dem Zimmer herum. Nachdem ihm die Schwester mehrere unmissverständliche Blicke zugeworfen hatte, setzte er sich schließlich in den leeren Aufenthaltsraum vor der Station. Das Zimmer war um einiges gemütlicher eingerichtet als der Wartebereich der Notaufnahme: bequeme Stühle, geschmackvolle Vorhänge, ein eigener Kaffeeautomat. Doch Nick achtete nicht darauf. Ihm ging Carols Anblick nicht mehr aus dem Kopf. Der starre Blick; der kalte, leblose Körper; seelenlos; wie eine Statue. Würden die Ärzte herausfinden, was mit ihr geschehen war? Würden sie eine Möglichkeit finden, Carol zu helfen? Würde er jemals die alte Carol zurückbekommen, mit der er schon so viel durchgemacht, so viel gelacht, so viel erlebt hatte? Oder würde sie für immer in dieser Starre verharren, wie so viele andere Wachkoma-Patienten auch, die oft jahrzehntelang an die Decke starrten, ohne ins Leben zurückzufinden?

Nick fuhr sich in einer verzweifelten Geste durch die Haare. Er merkte, wie sich tief in seiner Brust ein Schluchzen bildete und nach draußen drängte. Tränen stiegen ihm in die Augen, und dieses Mal hielt er sie nicht zurück.

Die Tür des Aufenthaltsraums öffnete sich. Nick wischte sich mit dem Ärmel über das nasse Gesicht und sah auf. Miles betrat den Raum und setzte sich auf den Stuhl neben ihm.

»Hey«, sagte er bekümmert. »Ich hab euch gesucht, in eurem Hotel. Petra hat mir erzählt, was passiert ist. Wie geht es Carol?«

»Sie lebt.« Nick schniefte. »Aber sie reagiert nicht. Auf gar nichts. Die Ärzte wissen nicht, warum. Sie behalten sie da, um weitere Untersuchungen zu machen.«

»Scheiße.« Miles blickte eine Weile schweigend zu Boden, dann sah er wieder zurück zu Nick. »Und wie geht es dir?«

Nick zuckte mit den Schultern. »Keine Ahnung. Beschissen?«

Ein Handy klingelte. Nick brauchte eine Weile, um zu kapieren, dass es sein eigenes war. Er zog es aus seiner Hosentasche und sah aufs Display. Es wurde keine Nummer angezeigt. Sein Verstand schien für einen Moment auszusetzen. Dann begann er zu rasen. War das derselbe Anrufer wie bei Carol? Wollte er ihn ebenfalls ausschalten? Oder war er jetzt vollkommen paranoid geworden? War es einfach nur jemand, der seine Nummer unterdrückt hatte?

Er starrte auf das unentwegt klingelnde Handy in seiner Hand und traf schließlich eine Entscheidung. Er drückte den Anruf weg und steckte das Handy wieder ein.

»Warum bist du nicht rangegangen?«, fragte Miles erstaunt.

»Ich muss mit dir reden«, erwiderte Nick, ohne auf die Frage einzugehen. »Ich kann mir zwar noch keinen Reim darauf machen, aber …«

In Miles' Jacke begann es zu vibrieren. Miles bat Nick mit einer Handbewegung, kurz zu warten, und zog sein Handy aus der Innentasche. Stirnrunzelnd betrachtete er das Display. Nick konnte nicht lesen, was darauf stand, aber er ging jede Wette ein, dass die Worte *Unbekannte Nummer* angezeigt wurden.

»Nicht, Miles!«, rief er. »Geh nicht ran!«

Doch es war bereits zu spät. Miles warf ihm einen verständnislosen Blick zu, nahm den Anruf mit einem Wischen über das Display an und hielt sich das Handy ans Ohr.

Sein Stirnrunzeln vertiefte sich noch um einige Millimeter. »Woher haben Sie diese Nummer?«, fragte er argwöhnisch. Und zu Nicks größter Verblüffung hielt er ihm schließlich das Telefon hin und sagte mit unverhohlenem Ärger in der Stimme: »Für dich.«

Nick nahm das Handy entgegen. »Ja?«, fragte er.

»Hallo, Nick.«

Ihm kam es vor, als bliebe die Zeit stehen. Er hörte nichts. Spürte nichts. Sein Kopf war vollkommen leer. Dann rollten die Gedanken wie eine riesengroße Welle auf ihn zu, weckten

Bilder in seinem Kopf, drohten ihn fortzureißen. Das war ganz und gar unmöglich. Sie war tot! Er hatte ihr Anwesen in die Luft fliegen sehen, hatte sich selbst nur dank eines *Sprungs* in letzter Sekunde vor der Explosion retten können ...

»Du scheinst überrascht zu sein, von mir zu hören.«

Es konnte nicht sein. Durfte nicht sein. Sein Verstand wehrte sich gegen die Erkenntnis, die sich unaufhaltsam ihren Weg bahnte. Am anderen Ende der Leitung war ... Lea van Rouwen.

»Wir haben schon so lange nichts mehr voneinander gehört. Wie geht es dir? Und noch viel wichtiger: Wie geht es der armen Carol?«, fragte Lea liebenswürdig.

In Nicks Ohren rauschte das Blut. Er hatte so viele Fragen auf einmal, er wusste gar nicht, womit er anfangen sollte. Wie hatte Lea die gigantische Explosion ihres Anwesens überleben können? Woher wusste sie von Carols Unfall? Hatte sie mit den merkwürdigen Telefonanrufen zu tun?

»Wo... woher wussten Sie, wie Sie mich erreichen?«, fragte Nick schließlich.

Lea lachte laut auf. »Ach Nick. Da du nicht an dein eigenes Telefon gehst, musste ich mir etwas anderes einfallen lassen. So leicht lasse ich mich nicht abwimmeln.«

»Was soll das? Was wollen Sie von mir?«

»Das wirst du bald erfahren«, erwiderte Lea. »Aber vorher möchte ich dir noch etwas anderes zeigen.«

Ein leises *Pling* kündigte an, dass sein Handy eine MMS empfangen hatte. »Schau dir mal das Foto an, das ich dir gerade geschickt habe.«

Nick zog sein Handy hervor und öffnete die Nachricht. Mehrere Sekunden lang starrte er das Bild an, ohne zu irgendeiner Reaktion fähig zu sein. Dann breitete sich Entsetzen in seinem Inneren aus und drohte ihm die Kehle zuzuschnüren. Es durfte nicht wahr sein. Das konnte sich nur um einen Scherz handeln.

»Kennst du ihn noch? Deinen alten Freund aus Kindertagen?«, fragte Lea mit einem süffisanten Unterton. »Du hast ihn schon lange nicht mehr besucht.«

Nick starrte wie versteinert auf das Display. Das Foto zeigte Michael, seinen besten Freund aus der Zeit, bevor er als Junior-Agent für den BND rekrutiert worden war. Michael lag in einem Krankenbett. Er schien nicht verletzt zu sein, hatte jedoch einen Zugang, der zu einem Infusionsbeutel mit durchsichtiger Flüssigkeit führte, und neben ihm stand ein Monitor zur Überwachung der Herzfrequenz. Er war sehr blass und hatte den Blick starr an die Decke gerichtet. Schlagartig wurde Nick klar, dass ihm das Gleiche zugestoßen war wie Carol.

»Es muss schlimm sein, einen Menschen so zu sehen, der einem etwas bedeutet«, sagte Lea. Doch anstelle von Mitgefühl schwang Schadenfreude in ihrer Stimme mit. Und etwas, das sich nur als Triumph bezeichnen ließ. »Diese … leere Hülle, die einmal ein Mensch gewesen ist, eine Persönlichkeit mit Ängsten, Hoffnungen, Träumen – sie wurde einfach stillgelegt, ausgeschaltet. Per Knopfdruck. Und ich besitze den Knopf. Ich kann jeden einzelnen Menschen auf der Welt in den gleichen Zustand versetzen wie Carol und

Michael. Wenn ich will, sogar alle auf einmal.« Sie lachte ein tiefes, heiseres Lachen. »Diese Technologie ist ein Meisterstück der digitalen Forschung. Sie eröffnet ungeahnte Möglichkeiten. Und ich werde sie mir zunutze machen.« Ihr Tonfall wurde ernst. »Ich habe meine Vision noch nicht aufgegeben, Nick. Die Idee von einer besseren, gerechteren Welt. Und ich bin kurz davor, sie in die Tat umzusetzen. Zugegeben, es ist nicht alles nach Plan verlaufen, aber es ist nur noch eine Frage von Stunden, bis die Technologie einsatzbereit ist. Und dieses Mal wird mich niemand aufhalten.«

»Das hätten Sie wohl gerne!« Nick hatte seine Sprache wiedergefunden. »Glauben Sie wirklich, ich würde tatenlos zusehen, wie Sie die Weltherrschaft übernehmen?«

»Oh ja, das glaube ich in der Tat. Und zwar deinen Freunden zuliebe. Wie ich schon sagte, ich kann jedem einzelnen Menschen auf der Welt das Gleiche antun wie Michael oder Carol. Aber genauso bin ich auch in der Lage, sie wieder aus diesem Zustand zu befreien. Wenn mir etwas zustoßen sollte, gibt es niemanden mehr, der ihnen helfen kann. Und das wäre doch wirklich schade, findest du nicht auch?«

»Sie sind ja vollkommen wahnsinnig!«, rief Nick.

»Ach weißt du, manchmal glaube ich, ich bin die einzige Vernünftige auf dieser Welt«, seufzte Lea. »Du kannst dir gar nicht vorstellen, wie mühsam es ist, sieben Milliarden Menschen davon zu überzeugen, dass ich recht habe. Mir wäre es auch lieber, wenn ich euch nicht alle zu eurem Glück zwingen müsste. Aber es geht ja offenbar nicht anders.«

»Zu unserem Glück zwingen?«, wiederholte Nick höhnisch. »Sie wollen die Welt beherrschen, nicht mehr und nicht weniger.«

»Siehst du, Nick, genau das meine ich. Du verstehst es einfach nicht. Aber ich habe jetzt weder die Zeit noch die Lust, es dir zu erklären. Nur so viel: Dieses Mal wirst du mir keinen Strich durch die Rechnung machen.« Lea verfiel in einen lockeren Plauderton, als erzählte sie von ihrem Wanderurlaub in den Bergen. »Ich habe in den letzten Monaten lange darüber nachgedacht, ob es mir reicht, dich leiden zu sehen – und ich weiß, dass du leidest. Du kannst es nicht ertragen, dass du deinen Freunden nicht helfen kannst, dass du zur Untätigkeit gezwungen bist, dass du hilflos mit ansehen musst, wie ich meinen Plan in die Tat umsetze. Aber nach reiflicher Überlegung bin ich zu dem Schluss gekommen, dass ich mehr will.« Ihre liebenswürdige Stimme wurde eiskalt. »Ich lasse es nicht zu, dass man mir ungestraft in die Quere kommt. Ich werde dir alles nehmen, was dir wichtig ist: deinen Job, deinen Ruf und vor allem deine Freiheit. Du fragst dich bestimmt, wie ich das anstellen will, nicht wahr? Hast du schon die Nachrichten gesehen? Es kommt auf allen Kanälen. Eigentlich hätte der Gute es nicht überleben sollen. Wirklich zu dumm. Aber bei dem eindeutigen Beweismaterial wird es wohl so oder so auf lebenslänglich hinauslaufen. Und wenn er nicht überlebt … Tja, soweit ich weiß, wird für Mord in Kalifornien nach wie vor die Todesstrafe verhängt.«

Nick verstand kein Wort. »Wovon zum Teufel sprechen Sie?«, brüllte er ins Telefon.

Doch Lea lachte nur. »Ach ja, noch etwas«, sagte sie wieder betont fröhlich. »Uns ist ein Vögelchen ins Netz gegangen. Wenn sich einer von euch noch einmal in der Nähe des Hangars blicken lässt, dann stirbt eure Freundin. Du weißt, dass ich das ernst meine. Und jetzt lauf, Nick, lauf. Die Polizei hat einen anonymen Hinweis erhalten. Sie wissen, wo du bist.« Sie gluckste leise vor sich hin. »Ciao, Nick.« Dann legte sie auf.

26

Nick starrte auf das Handy in seiner Hand. Er hatte Mühe, seine Gedanken zu ordnen. Wie konnte das sein? Wie konnte Lea van Rouwen noch leben? Dieselbe Lea van Rouwen, die unter dem Decknamen Victor Drago vor einem Jahr gedroht hatte, die Welt mit einer satellitengesteuerten Laserkanone zu vernichten, wenn nicht sämtliche Regierungschefs der Welt augenblicklich ihr Amt niederlegen und ihr die Weltherrschaft überlassen würden. Dieselbe Lea van Rouwen, deren Pläne er vereitelt hatte, indem er in ihr Hauptquartier eingedrungen war und den Satelliten von der Erde weg ins All gelenkt hatte. Dieselbe Lea van Rouwen, die ihr Hauptquartier mit einem Selbstzerstörungsmechanismus ausgestattet hatte und die in der dadurch ausgelösten gigantischen Explosion ums Leben gekommen war. Ums Leben gekommen sein musste! Nick hörte noch das Krachen der Explosion, spürte die Hitze auf der Haut, sah den Feuerball vor Augen, der in den Himmel aufgestiegen war.

Und doch bestand kein Zweifel – die Stimme am Telefon war unverwechselbar gewesen. Lea van Rouwen alias Victor Drago lebte, und sie war noch genauso machthungrig und skrupellos wie zuvor. Ganz langsam sortierte sich die Flut an Informationen in seinem Kopf. Was auch immer sich hinter der Tür im Hangar befand, Lea hatte es in ihrer Gewalt und würde es dazu benutzen, ihre Pläne zur Übernahme der Weltherrschaft in die Tat umzusetzen. Außerdem hatte sie Paula als Geisel genommen und drohte damit, sie umzubringen. Und sie hatte Rache an Nick geschworen, hatte sie offenbar schon in die Wege geleitet, hatte von versuchtem Mord und der Todesstrafe geredet. Was hatte sie noch gesagt? *Es läuft auf allen Kanälen.*

»Nick?«, fragte Miles. »Würdest du mir freundlicherweise sagen, was hier vor sich geht? Du siehst aus, als wärst du einem Geist begegnet.«

Nick hätte am liebsten laut aufgelacht bei dem Gedanken daran, wie recht Miles mit seinem Kommentar hatte. Doch ihm war nicht zum Lachen zumute. Wortlos gab er Miles das Handy zurück und ging zu dem Fernseher an der Wand, auf dem der gleiche stumm geschaltete Naturkanal lief wie in der Notaufnahme. Er suchte nach der Fernbedienung und zappte durch die Programme, bis er auf einen Nachrichtensender stieß. Gerade wurde ein Bericht über einen Touristen gezeigt, der vor wenigen Stunden mit seinem Auto in eine Menschenmenge auf dem Santa Monica Pier gerast war. Nick stellte den Ton an. »*Wie durch ein Wunder wurde niemand ernsthaft verletzt*«, sagte die Nachrichtensprecherin. »*Der Fahrer war nach dem Unfall nicht ansprechbar, die Ärzte gehen davon aus, dass er unter Schock steht. Zum jetzigen Zeitpunkt ist noch nicht bekannt, ob der Mann die Kontrolle über sein Fahrzeug verloren hat oder absichtlich in die Menge gerast ist. Einen Terrorangriff können die Behörden jedoch ausschließen.«*

»Nick?«, fragte Miles erneut. »Was soll das?«

Doch Nick beachtete Miles nicht und schaltete den Ton noch ein paar Balken lauter. »*In West Hollywood ist heute Morgen ein Schauspieler bewusstlos in seiner Wohnung aufgefunden worden*«, fuhr die Nachrichtensprecherin fort. »*Erste Erkenntnisse deuten darauf hin, dass ihm ein Gift injiziert wurde. Nachbarn hatten den jungen Mann gefunden und den Notarzt alarmiert, der sofort mit lebensrettenden Maßnahmen begann. Der Schauspieler befindet sich in einem kritischen Zustand und wird intensivmedizinisch betreut.«*

Nick schaute wie gebannt auf den Bildschirm. Eine dunkle Vorahnung überfiel ihn, und er spürte, wie sich sein Pulsschlag langsam nach oben schraubte. Neben Bildern von mehreren Streifenwagen, die mit Blaulicht vor einem Mehrfamilienhaus parkten, wurde links oben im Bild ein Foto eingeblendet. Es zeigte einen braun gebrannten jungen Mann mit blonden Locken und einem strahlend weißen Lächeln. Nick kannte das Gesicht. Es gehörte Clifford, dem Statisten vom Set, der Carol allzu nahe gekommen war.

»*Die Polizei fahndet nach einem Tatverdächtigen*«, fuhr die Sprecherin fort. »*Bilder einer Überwachungskamera, die der Polizei anonym zugespielt worden sind, zeigen, wie ein junger Mann dem Opfer eine Spritze in den Hals sticht. Eine Spritze des gleichen Modells wurde in der Nähe des Tatorts gefunden und liefert laut dem leitenden Polizeibeamten stichhaltige Beweise für die Identität des Täters. Zeugen berichten zudem, dass es zwischen den beiden Männern bereits im Vorfeld einen Konflikt gegeben habe, bei dem der Tatverdächtige seine Gewaltbereitschaft gegenüber dem Opfer zum Ausdruck brachte.«*

Auf dem Bildschirm erschien ein dunkler, verrauschter Bildausschnitt. Er zeigte einen jungen Mann, der sich drohend vor dem verängstigt am Boden liegenden Clifford aufbaute und die Fäuste ballte.

»Der Tatverdächtige ist zur Fahndung ausgeschrieben. Hinweise zu seinem Aufenthaltsort nimmt die Polizei unter der eingeblendeten Telefonnummer entgegen.«

Das Foto, das nun in Großaufnahme auf dem Bildschirm erschien – ein Bildausschnitt aus dem angeblichen Überwachungsvideo –, nahm Nick mit ausdrucksloser Miene zur Kenntnis. Ihm war klar gewesen, worauf das Ganze hinauslief, als die ersten verwackelten Bilder eingeblendet worden waren. Der Verdächtige, der wegen versuchten Mordes an Clifford gesucht wurde, war niemand Geringeres als er selbst.

Nick schaltete den Fernseher aus. Er fühlte sich wie betäubt; gleichzeitig hatte er das Gefühl, explodieren zu müssen. Das Ganze war eine einzige riesengroße Falle gewesen – und er war wie ein Anfänger hineingetappt.

Miles trat zu ihm und nahm ihm die Fernbedienung aus der Hand. »Was zum Henker ist hier los, Nick?«, fragte er ernst. »Was ist dran an der Sache mit dem versuchten Mord?«

»Gar nichts«, erwiderte Nick ungehalten. »Das war noch am Set. Ich sollte eine bestimmte Technik vorführen. Dabei bin ich gefilmt worden.«

»Und die stichhaltigen Beweise?«

»Meine Fingerabdrücke befinden sich auf der Tatwaffe. Man hat mir ›aus Versehen‹ die falsche Spritze gegeben.«

»Mit anderen Worten: Du wurdest reingelegt.«

»Sieht ganz so aus.«

»Aber von wem? Und warum?«

Nick schwieg. Er konnte zwar gerade jede Art von Unterstützung gebrauchen, aber er wusste nicht, ob es klug war, Miles in die ganze Sache hineinzuziehen. Genau genommen wusste er gerade überhaupt nichts mehr.

»Verdammt noch mal, Nick. Rede mit mir!«, rief Miles zornig. »Wer war das am Telefon?«

»Sagt dir der Name Lea van Rouwen etwas?«, fragte Nick.

Miles sah Nick erstaunt an. »Lea van Rouwen alias Victor Drago? Die Verrückte, die gedroht hat, die Erde zu zerstören, wenn man ihr nicht die Weltherrschaft überlässt?«

Nick verwunderte es nicht, dass Miles so gut Bescheid wusste. Die CIA war zwar nicht aktiv an der Sache beteiligt gewesen, aber so ziemlich jeder Geheimdienst der Welt hatte mitbekommen, was in Kinshasa vorgefallen war. »Genau die.«

»Natürlich weiß ich, wer das war. So jemanden vergisst man nicht so schnell. Was hat sie mit der ganzen Sache zu tun?«

»Du hast vorhin mit ihr telefoniert.«

»Lea van Rouwen ist tot.«

»Das dachte ich bis vor fünf Minuten auch.«

»Holy moly.« Miles ließ sich auf einen Stuhl sinken und

fuhr sich mit den Händen durch die Haare. Dann sah er Nick ernst an. »Nick, wenn Lea van Rouwen ihre Finger mit im Spiel hat, dann musst du mir jetzt alles sagen, was du über die Sache weißt. Es geht um die nationale Sicherheit.«

»Internationale Sicherheit trifft es wohl eher«, erwiderte Nick und funkelte Miles wütend an. »Wie wäre es, wenn du zur Abwechslung mal *mir* ein bisschen was erzählst? Zum Beispiel, was sich hinter der Tür im Hangar befindet? Was ist so wichtig, dass Lea sprichwörtlich über Leichen gehen würde, um es zu besitzen?«

»Wieso über Leichen?«, fragte Miles verwirrt.

»Derek hätte sich bei dem Sturz vom Dach beinahe den Hals gebrochen, wenn Jack ihn nicht gerettet hätte. Lea hat gedroht, Paula umzubringen, wenn wir uns noch einmal dem Hangar nähern. Clifford ringt mit dem Tod. Sind dir das potenzielle Leichen genug?«

Miles schloss die Augen und atmete tief durch. Als er sie wieder öffnete, lag ehrliches Bedauern in seinem Blick. »So leid es mir tut, Nick, aber ich darf es dir nicht sagen. Das ganze Projekt ist *topsecret*.«

»Welches Projekt?«

»Nick, bitte. Es geht nicht. Das kostet mich meinen Job.«

In Nick zerriss etwas – als hätte das Gummiband, das seine Emotionen unter Kontrolle hielt und das in den letzten Stunden immer stärker gespannt worden war, dem wachsenden Druck nicht mehr standgehalten.

»Deinen Job?«, schrie er Miles an. »Du machst dir Gedanken um deinen Job? Für wen hältst du dich eigentlich?

Glaubst du allen Ernstes, dass es nichts Wichtigeres gibt als deinen verdammten *Job*? Carol liegt ein paar Zimmer weiter und starrt wie ein Zombie an die Zimmerdecke. Paula ist in der Gewalt einer Psychopathin, die damit droht, sie umzubringen. Jack ist verschwunden – wer weiß, ob er überhaupt noch lebt. Und ich werde wegen versuchten Mordes gesucht. Jetzt rück endlich raus mit der Sprache! Was versteckt die CIA in dem Hangar?«

»Ich versteh dich ja, Nick«, erwiderte Miles geknickt. »Ehrlich, Mann. Aber es geht nicht.«

In der Stille, die sich zwischen den beiden ausbreitete, waren Sirenen zu hören – ein Geräusch, das für ein Krankenhaus im Grunde nichts Ungewöhnliches war. Trotzdem horchte Miles auf, ging ans Fenster und schaute hinaus.

»Verdammt«, murmelte er. Rasch trat Nick neben ihn. Auf dem Vorplatz standen drei Einsatzwagen des LAPD, aus denen gerade mehrere Polizisten sprangen und ins Krankenhaus liefen.

»Sind die deinetwegen hier?«, fragte Miles.

»Vermutlich schon«, knurrte Nick. »Lea sagte, sie habe der Polizei einen Tipp gegeben.«

»Dann solltest du verschwinden. Und zwar schnell.«

Nick sah Miles fragend an. Wenn Miles tatsächlich so pflichtschuldig war, hätte er ihn jetzt festsetzen müssen.

Doch Miles sagte nur: »Nun mach schon. Hau ab.«

Nick war immer noch sauer auf Miles. Aber das hier würde er ihm nicht vergessen. Er nickte Miles zu, drehte sich um und rannte aus dem Zimmer.

27

Bruno lotste Nick eine Treppe hinunter in die Tiefgarage des Krankenhauses, die er durch den Lieferanteneingang auf der Rückseite des Gebäudes wieder verließ. Ohne ein bestimmtes Ziel lief Nick los, mied dabei die Hauptverkehrsstraßen und größere Menschenansammlungen. Er wollte weg, wollte sich bewegen, musste den Kopf frei bekommen von den tausend Gedanken, die sich immer und immer wieder im Kreis drehten.

Wie zum Henker hatte Lea die Explosion überlebt? Sie musste einen unterirdischen Bunker oder Schutzraum in unmittelbarer Nähe gehabt haben, in den sie sich gerettet hatte. Nur merkwürdig, dass die Agenten und Spezialkräfte, die die Trümmer später durchsucht hatten, keine Spur eines solchen Raums gefunden hatten.

Leas Scheitern vor einem Jahr hatte sie jedoch nicht aufgeben lassen. Ganz im Gegenteil. Sie schien erneut irgendein Druckmittel in der Hand zu haben, mit dem sie in der Lage war, ihre Pläne in die Tat umzusetzen. Und dieses Druckmittel befand sich hinter der Tür des Hangars. Ob die CIA dort ein geheimes Waffenlager betrieb? Ein Atomwaffenlager womöglich? Würde Lea so weit gehen?

Nick war sich nun sicher, dass die merkwürdigen Vorfälle der letzten Tage kein Zufall gewesen waren: Derek, Miley, Carol, die Surfer, der Gouverneur, der Tourist auf dem Santa Monica Pier – alles hing irgendwie mit Leas Plänen zusammen. Auslöser war jedes Mal ein Telefonanruf gewesen. Unversehens wurde Nick bewusst, was ihn die ganze Zeit über gestört hatte: Auf dem Stützpunkt gab es keinen Empfang! Trotzdem hatten Derek und Miley einen Anruf erhalten. Lea musste eine Technik entwickelt haben, Handys auf andere Weise »anzufunken«. Aber wie konnte ein einziger Anruf jemanden derart außer Gefecht setzen? Was geschah während der wenigen Sekunden, die der Anruf meist nur dauerte?

Und noch etwas wurde Nick bewusst: Der Filmdreh war nur ein Vorwand gewesen, um auf den Stützpunkt zu kommen. Die Szenen waren so geplant worden, dass währenddessen die Übernahme des Hangars vorbereitet werden konnte. Und ganz nebenbei hatte sich Lea einen schönen kleinen Plan ausgedacht, um Nick für den Rest seines Lebens hinter die Gitter eines US-amerikanischen Hochsicherheitsgefängnisses zu bringen – oder noch Schlimmeres, je nachdem, ob Clifford den Angriff überleben würde oder nicht.

Sie alle waren Schachfiguren in Lea van Rouwens Plan. Clifford hatte vermutlich Geld oder eine größere Rolle im Film angeboten bekommen, wenn er Carol auf den Leib rückte und dadurch Nick gegen sich aufbrachte. Derek war durch den Anruf »befohlen« worden, die Kamera fallen zu lassen – dass er mit in die Tiefe gerissen wurde, war Pech gewesen. Und Miley ... wie passte Miley ins Bild? Warum war sie vom Set entfernt worden – denn nichts anderes hatte man mit dem angeblichen Zusammenbruch bezweckt? Er erinnerte sich an ihre Empörung darüber, wie grob Rudy sie aus dem Übertragungswagen geworfen hatte. War das der Grund gewesen? Hatte sie im Inneren des Fahrzeugs etwas gesehen, was sie nicht hätte sehen sollen? Hing der Ü-Wagen ebenfalls mit den Ereignissen zusammen?

Ihm fiel wieder ein, wie sich die Antenne in Dereks Richtung gedreht und Sekunden später Dereks Handy geklingelt hatte. Nick wurde ganz aufgeregt. Er spürte, dass er auf der richtigen Spur war. Die Antenne, der Ü-Wagen, Telefonanrufe in einem Bereich ohne Empfang ...

Die Lösung war zum Greifen nah. Doch als er um eine Hausecke bog und einen Streifenwagen erblickte, der ihm in wenigen Metern Entfernung entgegenkam, entglitt sie ihm wieder. Geistesgegenwärtig drückte er sich in eine Nische in der Hauswand. Die Polizisten schienen ihn nicht gesehen zu haben; der Streifenwagen fuhr vorbei. Trotzdem machte dieser Zwischenfall Nick bewusst, dass er nicht ewig ziellos durch die Gegend laufen konnte. Die gesamte Polizei von Los Angeles hielt nach ihm Ausschau. Er musste von der Bildfläche verschwinden. Und zwar vollständig.

Er bog in eine schmale Gasse ab, die einigen Restaurants als Hinterausgang diente, zog sein Handy aus der Tasche und warf es in einen Müllcontainer. Nun konnte er nicht mehr über die GPS-Daten des Geräts geortet werden.

Als Nächstes brauchte er einen Plan. Ihm fiel nur ein Ort ein, an dem er etwas Neues erfahren konnte. »Bruno«, sagte Nick, »führ mich auf dem kürzesten Weg zu den Filmstudios.«

»Aye, aye, Sir«, erwiderte Bruno prompt. »Zu Fuß dauert's etwa 'ne Dreiviertelstunde.«

»Gut. Dann hast du genug Zeit, um sämtliche Informationen zu sammeln, die du über Lea van Rouwen finden kannst. Ich will alles wissen, was über ihren Tod berichtet wurde, was aus ihren Firmen geworden ist, wohin ihr Geld verschwunden ist und so weiter. Und such auch nach Querverbindungen zu anderen Namen. Gut möglich, dass Victor Drago nicht ihr einziger Alias gewesen ist.«

Nach zwanzig Minuten vermeldete Bruno erste Rechercheerfolge. Natürlich hatten vor einem Jahr sämtliche Nachrichtenagenturen über die Besetzung des Hotels in Kinshasa berichtet, und auch die Explosion auf ihrem Anwesen und ihr damit verbundener Tod waren ausführlich besprochen worden. Tatsächlich hatte man nie eine Leiche gefunden, doch die zuständigen Behörden waren davon ausgegangen, dass die Explosion und das anschließende Feuer den Körper vollständig zerstört hatten. Der Satellit, den Lea mit einem Waffensystem ausgerüstet und ins All geschossen hatte, trieb immer noch in den unendlichen Weiten der Galaxie – hauptsächlich deshalb, weil sich die Staatengemeinschaft nicht einigen konnte, wer für die Bergung zuständig war und wie das ungeheuer wertvolle Farbolit aufgeteilt werden sollte. Die Person Lea van Rouwen, ihr Waffensystem und die schockierende Erpressbarkeit der Staats- und Regierungschefs hatten noch einige Wochen lang die Nachrichten beherrscht, bis aktuellere Themen wieder in den Vordergrund gerückt waren.

Lea hatte eine große Anzahl verschiedener Firmen besessen, die sie mit den nötigen finanziellen sowie technischen Mitteln für ihren Coup ausgestattet hatten. »Diese Firmen existieren alle noch«, erklärte Bruno. »Und zwar vollkommen unverändert. Sie wurden weder aufgelöst noch verkauft. Es gab keinen Geschäftsführerwechsel, keine auffälligen Kontobewegungen. Nichts. Erstaunlich, dass das noch niemandem aufgefallen ist. Natürlich laufen die Firmen nicht alle auf Leas Namen. Wir reden hier von einem riesigen Konglomerat aus Tochterfirmen und verschiedenen Gesellschaften in unterschiedlichsten Branchen. Aber man sollte doch meinen, dass sich irgendeine Regierung oder ein Anwalt oder wenigstens ein Journalist für Leas Imperium interessiert hätte.«

»Hmm«, machte Nick nachdenklich. »Gibt es unter den Firmen auch welche, die in Los Angeles ansässig sind?«

»Moment, ich schau nach … Ha!«, rief Bruno plötzlich so laut, dass Nick zusammenzuckte. »Allerdings.«

»Und was ist das für eine Firma?«, hakte Nick nach.

»Dreimal darfst du raten. Da kommst du nie drauf!«

»Mir ist jetzt nicht nach Ratespielen zumute, Bruno. Sag schon.«

»Na schön«, maulte Bruno. »Die Firma heißt *True Films*

Production und hat ihren Sitz in Hollywood. Und das ist rein zufällig dieselbe Firma …«

»… die uns als Berater für den Agentenfilm angeheuert hat«, vervollständigte Nick den Satz. Das war der Beweis dafür, dass Rudy, Steven, Costa und Tom mit Lea unter einer Decke steckten. *Sie* hatten den Stützpunkt in ihre Gewalt gebracht. Aber irgendetwas war nicht nach Plan gelaufen. Lea hatte es am Telefon selbst gesagt. Wenn sie tatsächlich in der Lage wäre, die gesamte Bevölkerung auf Knopfdruck auszuschalten, dann würde sie keine Sekunde zögern und dieses Druckmittel augenblicklich zu ihren Gunsten einsetzen. Was hielt sie auf? Und wo befand sie sich zurzeit? War sie ebenfalls auf dem Stützpunkt?

Nick wurde bewusst, dass er mit den neuen Informationen nun zwar klarer sah, dass ihn das aber keinen Schritt weiterbrachte. Leas Botschaft war deutlich gewesen: Wenn er sich einmischte, würden seine Freunde dafür büßen.

Nick fühlte sich plötzlich schrecklich allein. Paula saß in der Falle, Carol lag im Koma, Miles verweigerte seine Hilfe. Und wo steckte eigentlich Jack? War er bei Paula? Aber warum hatte Lea ihn dann nicht ebenfalls als Druckmittel eingesetzt? Oder war er … Nick wollte den Gedanken nicht zu Ende denken, aber er konnte es nicht verhindern. War Jack zur anderen Seite übergelaufen, so wie bei seinem letzten Auftrag im Himalaya? Gehörte Jack auch zu Leas Team und hatte bei der Entführung von Paula geholfen?

Nein, schalt Nick sich, so durfte er nicht denken. Jack hatte damals gute Gründe gehabt, sie zu verraten – und er hatte aus seinen Fehlern gelernt. So etwas würde er nicht noch einmal tun.

Nick hasste sich dafür, einen solchen Verdacht zu hegen. Aber sosehr er sich auch bemühte – er konnte ihn nicht mehr abschütteln und schleppte ihn daher notgedrungen den Rest des Wegs mit sich herum.

28

Seit Nick, Carol, Petra und Miles auf den Bildern der Überwachungskameras aufgetaucht waren, hatte sich nichts
Nennenswertes mehr ereignet. Rudy, Costa und Tom wech-
selten sich mit der Bewachung der Geiseln und der Beauf-
sichtigung des Kontrollraums ab, und der Passwort-Cracker
füllte langsam, aber stetig eine Leerstelle nach der nächsten.
Jack versteckte sich hinter den Serverschränken und ha-
derte mit sich. Als sein Durst immer schlimmer wurde, beschloss er, das Risiko einzugehen und nach etwas zu trinken
und zu essen zu suchen. Tatsächlich stieß er zwei Türen weiter auf eine kleine Küche, klemmte sich eine Packung Corn-
flakes und zwei Flaschen Wasser unter den Arm und zog
sich wieder in den Serverraum zurück. Eine Durchsuchung
der anderen Räume hielt er für zu gefährlich. Er war Costa
schon einmal beinahe in die Fänge geraten.

Nachdem zwei weitere ereignislose Stunden vergangen
waren, konnte Jack nur mühsam einen Fluch unterdrücken.
Das Rumsitzen machte ihn wahnsinnig. Zu gern hätte er
versucht, die Gangster im Alleingang zu überwältigen. Aber
die Art und Weise, wie Rudy im Kontrollraum auf und ab
patrouillierte und dabei mit seiner Waffe herumfuchtelte,

hielt ihn davon ab. Und wenn er ganz ehrlich war, dann hatte er auch Angst, dass Paula zwischen die Fronten geraten könnte.

Das Klingeln des Telefons drang durch die Wand. Jack kauerte sich vor das Loch und lauschte.

»Hi, Boss.«

»Wie weit seid ihr?«

Diese Stimme. Eine tiefe, markante Frauenstimme. Irgendwo hatte Jack sie schon einmal gehört. Aber wo?

»Die Hälfte der Ziffern steht. Morgen früh sind wir drin.«

»Wann können wir mit der Übertragung beginnen?«

»Neun Uhr müssten wir schaffen.«

»Gut. Sonst noch was?«

»Nein, hier ist alles ruhig.«

»Hätte mich auch gewundert. Die kleinen Nervensägen vom BND haben gemerkt, dass wir es ernst meinen. Carol hat einen Anruf erhalten und liegt inzwischen auf der Intensivstation. Nick wird vom gesamten LAPD wegen versuchten Mordes gesucht. Und falls die Zwillingsschwester meine Warnung ignoriert und wieder auf dem Stützpunkt auftaucht, dann knallt ihr die Kleine im Verlies ab.«

»Wird gemacht, Boss.« Jack sah Rudys Grinsen förmlich vor Augen. Wütend biss er die Zähne zusammen.

»Was ist mit der CIA?«

Wieder lachte die Stimme. »Ich habe dem Leiter der CIA ein paar gestochen scharfe Fotos seines geheimen Treffens mit dem russischen Präsidenten geschickt. Als ich ihn kurz darauf angerufen habe, hat er mir ganz kleinlaut versichert, dass er sämtliche Aktionen bezüglich des Stützpunkts unterbinden werde.« Die Stimme wurde ernst. »Morgen, neun Uhr. Danach wird die Welt ein besserer Ort sein. Ab jetzt darf nichts mehr schiefgehen. Ich verlasse mich auf euch!«

Das Gespräch wurde beendet.

»Der Boss hat's echt drauf!«, sagte Tom.

»Allerdings«, bestätigte Rudy. »Hab ich letztes Jahr schon gedacht, als sie den Laser ins All geschossen hat.«

»Ich hol Costa, damit er dir bei der Vorbereitung für die Übertragung hilft. Dann leg ich mich 'ne Weile aufs Ohr.«

»Alles klar.«

Rudy verließ den Kontrollraum. Danach herrschte wieder Stille.

Jack richtete sich auf. *Letztes Jahr, als sie den Laser ins All geschossen hat …* Plötzlich wurde ihm klar, woher er die Stimme kannte. Der Boss dieser ganzen Aktion war niemand anderes als Lea van Rouwen. Sie lebte noch und verfolgte ihre Pläne genauso skrupellos wie eh und je. Carol lag im Krankenhaus, Nick befand sich auf der Flucht, und Paula war von einem Kollateralschaden zu einer Geisel geworden, deren Leben am seidenen Faden hing. Ihn hielt es nicht mehr im Serverraum. Er musste zu Paula. Die Gelegenheit war günstig, da Tom und Costa im Kontrollraum beschäftigt waren und Rudy ein Nickerchen machte.

Wie erhofft, erreichte Jack das Verlies ohne Zwischenfall. Paula blickte aus müden Augen auf. Jack sah ihr an, dass es sie genauso fertigmachte wie ihn, zur Untätigkeit verdammt zu sein.

»Hey«, flüsterte er und kniete sich vor die Gitterstäbe. »Alles in Ordnung?«

»Geht schon«, erwiderte Paula und sah ihn dann besorgt an. »Ist es hier nicht viel zu gefährlich für dich? Es kann jeden Moment jemand reinkommen.«

Jack winkte ab. »Für eine Weile sollten wir Ruhe haben.« Er berichtete ihr rasch, was sich in den letzten Stunden ereignet hatte.

»Lea van Rouwen? Das gibt's doch nicht!« Paula machte große Augen. »Dann ist die Sache sogar noch ernster, als wir befürchtet haben.« Sie stand auf und lief grübelnd in der Zelle auf und ab. »Ich hätte eventuell eine Idee, wie wir die Tür aufbekommen könnten«, sagte sie schließlich. »Aber dafür müssten wir meiner Schwester irgendwie eine Nachricht zukommen lassen.«

»Und wie zum Teufel sollen wir das anstellen?«

»Ach, ich weiß es doch auch nicht«, sagte Paula und schlug frustriert gegen die Gitterstäbe zur Nachbarzelle.

Ein Stöhnen ließ sie zusammenfahren. Der Mann, der nur wenige Zentimeter von den Gitterstäben entfernt lag, regte sich. Seine Augenlider begannen zu flattern, und er drehte sich langsam auf die Seite.

»Ich glaube, er wacht auf«, flüsterte Paula aufgeregt.

Tatsächlich schlug der Mann die Augen auf. Er brauchte einen Moment, um zu sich zu kommen, dann richtete er sich langsam auf und sah sich um. Jack erkannte den stämmigen Mann wieder. Es war derjenige, dem Rudy die Waffe an den Kopf gehalten hatte, damit er ihm den Zugangscode verriet. Seine beiden Kollegen rührten sich nach wie vor nicht.

»Wer seid ihr?«, fragte der Mann mit belegter Stimme. »Gehört ihr zu den Typen, die die Anlage gestürmt haben?«

»Dann würde ich wohl kaum in diesem Käfig sitzen, oder?«, erwiderte Paula spöttisch.

»Und er?«, fragte der Mann und deutete auf Jack. »Ich hab euch auf den Überwachungskameras gesehen. Ihr gehört genauso zur Filmcrew wie die anderen. Wer sagt mir, dass das kein Trick ist?«

»Niemand«, entgegnete Jack. »Wir haben mit der ganzen Sache nichts zu tun. Das müssen Sie uns glauben. Paula ist den Gangstern durch Zufall in die Quere gekommen, deswegen haben sie sie als Geisel genommen. Ich bin durch die Tür geschlüpft, kurz bevor sie zugefallen ist. Die Kerle da drüben wissen nicht, dass ich hier bin, und es wäre gut, wenn das auch so bleiben würde.«

Der Mann musterte sie. Dann seufzte er. »Also schön. Mir bleibt wohl keine andere Wahl.«

»Ich bin Paula. Und das ist Jack.«

»Dave«, erwiderte er und massierte sich mit einem Stöhnen die Schläfen. »Elendes Zeug.«

»Wovon redest du?«

»Von der Kapsel.«

»Was war darin?«, fragte Jack. »Du hast fast vierundzwanzig Stunden geschlafen. Man hätte meinen können, du wärst tot.«

Daves Mundwinkel zuckten amüsiert. »Genauso soll es

auch sein. In der Kapsel war eine Mischung aus Schlafmittel und Sedativum. Nicht ganz ungefährlich, mit ein paar üblen Nebenwirkungen. Ihr habt nicht zufällig 'ne Kopfschmerztablette?«

Paula überging die Bemerkung. »Warum bist du aufgewacht und deine Kollegen nicht?«

»Die Wirkung hält zwischen vierundzwanzig und sechsunddreißig Stunden an, abhängig von Alter und Körpergewicht«, antwortete Dave und sah vielsagend auf seinen Körperumfang. »Die anderen müssten auch bald aufwachen.«

»Warum habt ihr so etwas?«, fragte Paula.

»Die Kapsel ist nur für den absoluten Notfall. Um Ralph vor den falschen Leuten zu schützen. Hätte nie gedacht, dass ich das Ding wirklich mal brauche. Dafür ist die Anlage eigentlich viel zu gut gesichert.«

»Gut gesichert?«, fragte Paula spöttisch. »Du meinst die paar Kameras auf dem Gelände? Stimmt, die haben euch wirklich wahnsinnig viel genützt.«

»Du vergisst die Tür. Die hat einen speziellen Sicherungsmechanismus, den wir aktivieren, wenn sich jemand Unbefugtes daran zu schaffen macht. Normalerweise würde da niemand durchkommen. Aber die Männer konnten irgendwie die Überwachungskameras umgehen. Die wussten ganz genau, was sie tun.«

»Warum wird einem Filmdreh zugestimmt, wenn sich unterhalb des Stützpunkts eine derart geheime Anlage befindet? Das ist doch hochgradig fahrlässig!«, sagte Paula.

»Haben wir uns auch gefragt«, stimmte Dave ihr zu. »Aber das entscheiden nicht wir. Die Typen müssen verdammt gute Beziehungen haben.«

»Oder ihr Boss«, murmelte Jack. Dann sah er Dave eindringlich an. »Wer ist Ralph?«

»Wie bitte?«, fragte Dave.

»Du hast vorhin gesagt, dass Ralph vor den falschen Leuten beschützt werden müsse. Wer ist er? Und wo? Ist er auch irgendwo hier unten?«

Dave wich seinem Blick aus. »Darf ich nicht sagen, tut mir leid.«

»Gehört er auch zur CIA?«, hakte Paula nach.

Dave schloss kurz die Augen und seufzte. »Im weitesten Sinne, ja. Aber mehr darf ich euch wirklich nicht sagen. Das ist alles *topsecret*. Es wissen nur eine Handvoll Leute, dass es uns überhaupt gibt.«

»Was ist das hier für eine Anlage?«, wollte Paula wissen. »Was passiert, wenn Rudy und die anderen das System knacken?«

»Das schaffen sie nicht. Das ist viel zu gut …«

»… gesichert?«, fiel Jack ihm ins Wort. »Sie haben schon über die Hälfte des Zugangscodes entschlüsselt. Vielleicht solltet ihr bei Gelegenheit mal eure Sicherheitsmaßnahmen überarbeiten.«

»Scheiße«, murmelte Dave. »Dann haben wir ein ernsthaftes Problem.« Er schaute auf seine Armbanduhr. »Unser Kontaktmann müsste inzwischen Bescheid wissen. Alle vierundzwanzig Stunden findet ein Kontrollanruf statt.

Wenn der ausbleibt, kommt der Agent hierher. Und wenn er merkt, dass etwas faul ist, wird er Himmel und Hölle in Bewegung setzen. Dann ist bald die halbe CIA auf dem Weg zu uns.«

»Deswegen ist Miles hier aufgetaucht«, sagte Jack.

»Du kennst Miles?«, fragte Dave überrascht.

»Wir waren mal Partner.«

»Wie bitte?« Dave sah ihn aus großen Augen an.

»Ist 'ne lange Geschichte. Aber wenn Miles der Agent ist, von dem du gerade gesprochen hast, muss ich dich leider enttäuschen: Der war schon vor ein paar Stunden hier und hat vergeblich versucht, die Tür zu öffnen. Außerdem wird der CIA-Chef höchstpersönlich von Lea erpresst. Wir können also getrost davon ausgehen, dass die CIA weder Himmel noch Hölle in Bewegung setzen wird.«

»Das gibt's doch nicht«, sagte Dave kopfschüttelnd.

»Ich fürchte, schon«, entgegnete Jack. »Wir müssen irgendwie hier rauskommen, um Verstärkung zu holen. Es gäbe eine Möglichkeit, die Türverriegelung auszuhebeln, aber dafür müssten wir mit Paulas Schwester Kontakt aufnehmen. Habt ihr außerhalb des Kontrollraums noch irgendwo ein Funkgerät rumstehen? Oder einen zweiten Festnetzanschluss?«

»Nein, tut mir leid.« Dann grinste Dave plötzlich. »Aber wir haben Ralph.«

Jack hatte sich wieder in den Serverraum zurückgezogen und wartete auf den perfekten Moment, um ungesehen durch die Halle in den dritten Gang schlüpfen zu können. Dort befanden sich die Schlafräume der Mitarbeiter. Dave hatte einen Laptop in seinem Zimmer, der zwar nicht an das Internet angeschlossen war, dafür aber etwas anderes höchst Hilfreiches installiert hatte.

Ralph ... Jack schüttelte den Kopf. Die ganze Zeit über hatte er angenommen, *Ralph* wäre eine Person. Dabei handelte es sich um die Abkürzung für *Radio Alpha*, ein hoch entwickeltes Computerprogramm, mit dem man verschlüsselte Funksignale zu jedem beliebigen Empfänger aussenden konnte – sofern man über einen ausreichend starken Sender verfügte.

Aufgrund der Aussichtslosigkeit ihrer Lage hatte Dave beschlossen, sie zumindest in die Grundzüge dessen einzuweihen, was in der Anlage erforscht wurde. »Mit den beiden Parabolantennen auf dem Stützpunkt und unserem Computersystem sind wir in der Lage, jedes Handy auf der Welt anzufunken«, erklärte er stolz. »Wenn du also den Standort oder noch besser die Handynummer deiner Schwester kennst, können wir ihr über *Ralph* eine Nachricht schicken.«

»Aber wie denn?«, fragte Paula. »Das System ist doch gesperrt. Mal ganz davon abgesehen, dass sich drei bewaffnete Terroristen im Kontrollraum befinden.«

»Nun ja ... jetzt kommen wir zu dem Teil, der besser unter uns bleiben sollte«, sagte Dave ein wenig verlegen. »Ich bin der Programmierer von *Radio Alpha*. Und ich fand es ganz vernünftig, mir eine kleine Backdoor in das Programm einzubauen, ein Hintertürchen sozusagen, durch das ich jederzeit Zugriff auf *Ralph* habe. Und das befindet sich auf meinem Laptop, in meinem Schlafzimmer.«

Jack und Paula sahen sich mit offenem Mund an. »Das ist nicht dein Ernst!«, platzte es aus Paula heraus.

»Schhhh, nicht so laut«, machte Jack, doch seinem Gesichtsausdruck nach zu schließen, war er nicht minder verdattert.

»Willst du damit sagen, dass wir einfach nur ein Programm auf deinem Laptop öffnen müssen und dann über die Technologie verfügen, die Rudy und Co. seit Stunden versuchen zu knacken?«

»Jep.« Dave konnte sich ein Grinsen nicht verkneifen. »Natürlich habe ich die Backdoor ebenfalls mit einem Passwort gesichert. Aber das würde ich euch in dem Fall natürlich verraten.«

»Ist das nicht hochgradig illegal?«, fragte Jack.

»Worauf du einen lassen kannst. Aus dem Grund sollte das Ganze auch besser unter uns bleiben.«

Dave erklärte ihm, wo sich sein Zimmer befand, wie das Passwort für seinen Laptop lautete, hinter welchem Icon sich das Programm verbarg und wie es funktionierte. Paula förderte einen weiteren Zettel aus ihrer Tasche zutage und notierte Petras Handynummer und die Nachricht, die Jack an sie schicken sollte. Er las sich die wenigen Worte durch und runzelte die Stirn. »Wirklich so?«, fragte er skeptisch. »Bist du sicher?«

»Wir müssen davon ausgehen, dass die Handys angezapft

sind. Die Nachricht kapiert garantiert niemand. Aber Petra weiß, was gemeint ist.«

»Also gut. Und mit der Uhrzeit sind wir uns sicher?«

»Du hast doch gesagt, dass sie für morgen um neun irgendeine Übertragung planen. Sie werden abgelenkt sein. Eine bessere Chance kriegen wir nicht mehr.«

»Jetzt muss ich allerdings noch einen Bolzenschneider auftreiben, um die Schlösser eurer Zellen aufzubekommen«, sagte Jack. »Sonst ist die ganze Aktion umsonst.«

»Ach so. Hätte ich fast vergessen«, warf Dave ein. »Für unser Schloss braucht man zwar einen Schlüssel. Aber für deins kenn ich die Kombination.«

Jack und Paula klappte erneut die Kinnlade runter. »Das glaub ich jetzt nicht«, entfuhr es Paula. »Und das sagst du erst jetzt?«

»Jetzt lass dich nicht lange bitten«, drängte Jack. »Wie lautet sie?«

»3-5-9-8-2.«

Jack drehte die Zahlen in die entsprechende Position. Als sich das Schloss nicht öffnen ließ, rüttelte und zog er ein wenig daran. Doch der Bügel öffnete sich nicht. Mit hochgezogenen Augenbrauen sah er zu Dave.

»Ich hab ein exzellentes Zahlengedächtnis. Die Zahlen stimmen, das weiß ich«, verteidigte sich der Programmierer. »Vielleicht war es eine andere Reihenfolge. Versuch mal 3-5-9-2-8.«

Jack veränderte die letzten beiden Positionen. Vergeblich.

»Und 3-5-8-9-2?«

»Du willst jetzt nicht ernsthaft sämtliche Kombinationen mit diesen fünf Zahlen durchgehen, oder?«, fragte Paula. »Hast du was Besseres vor?«, entgegnete Dave unbekümmert. »Es sind doch nur 3125 Möglichkeiten.«

Während Paula mit einem ergebenen Seufzen begonnen hatte, systematisch die verschiedenen Zahlen durchzuprobieren, war Jack zurück in den Serverraum geschlichen und wartete nun auf seine Chance. Wenn alles klappte, würden Paula und er sich am nächsten Morgen zur vereinbarten Zeit am Ausgang treffen. Wenn nicht … nun, darüber dachte er am besten gar nicht nach. Ihre Leben standen auf dem Spiel – allen voran Paulas. Doch Paula hatte darauf bestanden, die Sache durchzuziehen.

Jack zuckte zusammen, als plötzlich laute Musik und Stimmen aus der Wand dröhnten.

»Mach leiser, verdammt noch mal! Willst du, dass ich taub werde?«, brüllte Rudy. Jack kauerte sich vor das Loch und versuchte herauszubekommen, was im Kontrollraum vor sich ging. Viel vermochte er nicht zu erkennen, aber den Geräuschen nach zu urteilen, hatte Tom auf einem der Monitore ein Fernsehprogramm zum Laufen gebracht, das unabhängig von dem gesperrten System zu funktionieren schien.

»Na bitte«, sagte der technische Leiter zufrieden, nachdem er den Ton heruntergeregelt hatte. »Im TV-Satellitensystem bin ich drin. Zumindest der Fernsehübertragung steht nichts mehr im Weg.«

»Ich werd nicht mehr«, rief Costa. »Das ist doch *Bonanza.*

Das hab ich früher immer mit meinem Dad geguckt. Nicht umschalten. Das will ich sehen. Kriegst du das auf den großen Monitor?«

»Müsste gehen. Augenblick mal.«

Jack witterte seine Chance. Er schlich sich so lautlos wie möglich in die Halle hinaus. An der Abzweigung zum Kontrollraum spähte er vorsichtig um die Ecke. Durch das Glas der Schiebetür sah er, dass die drei Männer mit dem Rücken zur Tür saßen und auf den großen Monitor starrten, auf dem eine Folge der uralten Westernserie lief. Jetzt oder nie.

Geduckt huschte er in den linken Gang. Er sah ähnlich aus wie der rechte, nur ohne die Abbiegung am Ende, die in den alten Teil der unterirdischen Anlage führte. Auch hier gingen in einigen Abständen Türen vom Flur ab. Daves Zimmer war das letzte auf der rechten Seite.

Rasch schlüpfte Jack in den kleinen, spartanisch eingerichteten Raum und sah sich um. Ein ungemachtes Bett, ein kleiner Schrank, kaum persönliche Dinge. Unter dem Nachttisch ragte das silberne Gehäuse eines Laptops hervor. Er hob das Gerät auf, setzte sich aufs Bett und klappte es auf. Dann befolgte er Schritt für Schritt Daves Anweisungen. Tatsächlich stellte es sich als lächerlich einfach heraus. Nachdem er *Radio Alpha* durch die Backdoor geöffnet und sich kurz innerhalb des Programms orientiert hatte, holte er Paulas Notiz aus der Tasche, las sie noch ein letztes Mal durch und tippte die Nachricht ein. Dann fügte er Petras Handynummer in das entsprechende Feld ein und klickte auf den grünen Button. *Funksignal gesendet* erschien auf dem Bildschirm.

Jack klappte den Laptop wieder zu. Jetzt konnte er nur noch warten. Und hoffen, dass das Schicksal auf ihrer Seite war.

29

In einiger Entfernung konnte Nick bereits das Tor zu den Studios erkennen. Er würde sich in den Räumen der Produktionsfirma umsehen und nach Hinweisen suchen, einer Idee, einem Ansatzpunkt, wie sie aus diesem Schlamassel wieder herauskamen. Kurz bevor er die Einfahrt erreicht hatte, fuhr ein Auto vom Studiogelände und bog in Richtung Hollywood Hills ab. Als Nick den Fahrer erkannte, war er wie elektrisiert. Am Steuer saß Steven.

Wenn die Produktionsfirma Lea gehörte und der Filmdreh nur als Tarnung diente, dann war davon auszugehen, dass der Regisseur in die ganze Sache eingeweiht war. Nicks Blick fiel auf eine knallrote Vespa, die am Straßenrand stand. Er fackelte nicht lange, lief zu dem Roller und zog sein Taschenmesser aus der Hosentasche. Dann beugte er sich über die Verkleidung vom Zündschloss, hebelte sie ab, griff nach den hervorquellenden Kabeln und schloss den Motor kurz. – Ein Hoch auf die Projektwoche im zweiten Ausbildungsjahr, in der sie gelernt hatten, die Motoren unterschiedlichster Gefährte ohne Schlüssel zum Laufen zu kriegen. – Er hatte spontan beschlossen, Steven zu folgen.

Normalerweise hätte er keine Chance gehabt, dem schicken Sportwagen des Regisseurs auf den Fersen zu bleiben. Doch in Los Angeles herrschte gerade Rushhour, und Steven wurde immer wieder von Ampeln oder dem dichten Verkehr aufgehalten. Er fuhr zunächst ein ganzes Stück auf der Melrose Avenue Richtung Westen und bog dann auf den vollkommen verstopften Santa Monica Boulevard ab. Nach anderthalb Kilometern ging es rechts ab auf den von Prachtbauten und Luxusläden gesäumten Rodeo Drive und von dort aus auf den Sunset Boulevard, der in sanften Windungen die Hollywood Hills hinaufführte. Je weiter sie fuhren, desto nobler wurde die Umgebung. Eng aneinandergereihte Bungalows machten großen, frei stehenden Villen mit weitläufigen, blumengeschmückten Vorgärten Platz. Nach ein paar Minuten bog der Sportwagen in eine schmale Straße ab, die weiter hinauf in die Berge führte, und hier schienen endgültig nur noch die Superreichen zu wohnen. Imposante Herrenhäuser verschanzten sich hinter hohen Mauern und Zäunen, hinter denen Palmen, üppig blühende Sträucher und gepflegte Rasen zu erahnen waren. Auf der Straße, die sich in steilen Kurven den Berghang hinaufschlängelte, herrschte kaum noch Verkehr, sodass sich der Sportwagen einen kleinen Vorsprung herausfuhr. Doch das war Nick nur recht. So musste er sich keine Gedanken darüber machen, ob dem Regisseur irgendwann die rote Vespa im Rückspiegel auffiel und er Verdacht schöpfte.

Beinahe wäre er an der Abzweigung vorbeigefahren. Bruno wies ihn in letzter Sekunde darauf hin, dass ein Sportwagen des Modells, dem sie seit geraumer Zeit durch halb Hollywood folgten, soeben nach links abgebogen war. Nick machte eine Vollbremsung. Direkt hinter der Abzweigung stand ein Schild mit der Aufschrift *Private Property, No Trespassing.* Der Weg ging steil bergauf und verlor sich schließlich in dichtem Unterholz. Mit der Vespa war das kaum zu bewältigen.

»Bruno, wohin führt dieser Weg?«

»Das ist die Zufahrt zu einem Haus. Nach fünfzig Metern kommt ein Tor.«

Kurz entschlossen ließ Nick die Vespa am Straßenrand stehen und lief den Weg zu Fuß hinauf. Hinter einer Kurve kam eine herrschaftliche Einfahrt in Sicht. Ein hohes, schmiedeeisernes Tor, das von zwei Wachen gesäumt wurde, glitt gerade lautlos ins Schloss. Dahinter erkannte Nick den Sportwagen, der vor einer Villa im Südstaatenstil zum Stehen kam. Rasch versteckte Nick sich hinter einem Busch und beobachtete durch das lose Blattwerk, was sich vor dem Haus abspielte. Es war bereits früher Abend und die zunehmende Dämmerung erschwerte es ihm, etwas zu erkennen. Aber sie verbarg ihn auch vor den Blicken der Wachen.

Steven stieg aus dem Auto und ging auf die breite Treppe zu, die zur Eingangstür hinaufführte. Die Flügel der holzgetäfelten Tür öffneten sich, und eine Frau im Rollstuhl kam heraus. Sie hatte schulterlange schwarze Haare und ein fein geschnittenes Gesicht, über das eine lange, noch ziemlich frisch wirkende Narbe verlief. Nicks Magen zog sich zu einem harten Klumpen zusammen. Der Regisseur traf sich mit niemand anderem als Lea van Rouwen.

Lea begrüßte Steven. Dann wendete sie den Rollstuhl und fuhr zurück ins Haus. Steven folgte ihr. Kurz darauf schlossen sich die Flügel der Tür.

Nick konnte hinterher nicht sagen, warum, aber in diesem Moment explodierte etwas in ihm. Lea van Rouwen war hier, in den Hollywood Hills, direkt vor seiner Nase. Die Frau, die sein Leben und das seiner Freunde in der Hand hielt und kurz davor war, die gesamte Welt mit ihren irrsinnigen Plänen ins Chaos zu stürzen, war zum Greifen nah und doch unerreichbar. Es wäre so leicht, all dem ein Ende zu bereiten. Er musste nur irgendwie an den Wachen vorbei und durch das Tor kommen, dann würde er Lea eigenhändig den Hals umdrehen. Er musste *springen*. Aber sosehr Wut und Verzweiflung in ihm kochten, der Adrenalinschub reichte nicht aus. Er tastete in seiner Hosentasche, bis seine Finger fanden, was er gesucht hatte. Er nagte an seiner Unterlippe, hin- und hergerissen zwischen dem Drang, etwas zu unternehmen, und dem Skrupel, diese letzte Grenze zu überschreiten. Er musste dringend einen Weg finden, seine Fähigkeiten zu kontrollieren, ihnen nicht immer so hilflos ausgesetzt zu sein. Doch jetzt brauchte er Hilfe. Die Hilfe von Schmerz.

Er schloss die Augen und atmete noch einmal tief durch. Denk nicht drüber nach, sagte er sich. Mach einfach. In einer fließenden Bewegung zog er das Taschenmesser hervor, klappte die Klinge auf und stach sie sich in den rechten Oberschenkel. Es fühlte sich an, als würde sein Bein explodieren. Obwohl er mit dem Schmerz gerechnet hatte, gelang es ihm nicht, ein Keuchen zu unterdrücken. Sein Bein knickte weg, und kurz wurde ihm schwarz vor Augen. Doch ansonsten geschah nichts. Die Geräusche blieben. Die Palmblätter wiegten sich im Wind. Der *Sprung* hatte nicht funktioniert.

Mühsam richtete er sich wieder auf und wischte sich die Tränen aus dem Gesicht, die ihm der Schmerz in die Augen getrieben hatte. Ein Blick Richtung Tor zeigte ihm, dass die Wachen sein Keuchen gehört hatten. Einer der Männer öffnete gerade das Tor und trat auf den Weg hinaus. Nick biss die Zähne zusammen und humpelte zurück zur Straße. Hier vermochte er ohnehin nichts mehr auszurichten. Es schien ganz so, als hätte Lea bereits gewonnen, noch bevor das Spiel zu Ende war.

Die untergehende Sonne färbte den Himmel orangerot. Es war ein heißer Tag gewesen, und die Einwohner des kleinen Dorfs saßen auf der Veranda, genossen die sich langsam abkühlende Luft und schauten den Kindern zu, die ausgelassen auf der Straße spielten. Es verirrte sich kaum jemand in diese Gegend, und so sahen die meisten überrascht auf, als ein Übertragungswagen vorbeifuhr. Was wohl das Fernsehen hier wollte? In ihrem beschaulichen Städtchen geschah eigentlich nie etwas, über das es sich zu berichten lohnte.

Plötzlich zog sich ein Geräusch durch die entspannte Feierabendstimmung. Dutzendfach ertönte das Klingeln von Telefonen. Es schallte über die Straße und drang aus offenen Fenstern und Hosentaschen. Verblüfft schauten sich die Menschen an, holten ihre Handys hervor, nahmen ab.

Sekunden später fielen die Geräte klappernd zu Boden. Die Menschen erstarrten, blickten vor sich ins Leere, sahen nichts, hörten nichts, reagierten nicht.

Nur die Kinder bemerkten von alldem nichts. Sie spielten Hüpfkästchen und Seilspringen, tauschten Sammelkarten und spielten Fangen. Und so sahen sie auch nicht, wie der Übertragungswagen, der am Straßenrand gehalten hatte, seine Antenne einklappte und weiterfuhr. Kurz darauf war er hinter einer Kurve verschwunden.

Sein Bein tat immer noch höllisch weh. Immerhin hatte die Wunde aufgehört zu bluten, und auftreten konnte er auch einigermaßen. Aus Wut auf sich selbst hatte Nick beschlossen, den Roller stehen zu lassen und zu Fuß zu gehen. Der Schmerz würde ihm hoffentlich eine Lehre sein, sich niemals wieder absichtlich zu verletzen. Natürlich hatte der *Sprung* nicht funktioniert. Schmerz diente zwar oft als Auslöser, aber nur, wenn Nick nicht damit rechnete. Wenn er darauf vorbereitet war, bewirkte der Schmerz gar nichts, selbst wenn er sich irgendwelche Gliedmaßen abhackte. Wie blöd, dass er es so weit hatte kommen lassen.

Es war dunkel geworden. Nick war blindlings der Straße gefolgt, bis die Bebauung immer spärlicher wurde und den Blick auf die unter ihm liegende Stadt freigab. Das Lichtermeer der Straßen und Häuser erstreckte sich bis zum Horizont, und selbst hier oben in den Bergen waren die Geräusche der Großstadt als ein leises, stetiges Rauschen zu hören.

Doch Nick hatte keine Augen für die beeindruckende Kulisse. Er war viel zu sehr mit sich selbst beschäftigt, war sich noch nie im Leben derart hilflos vorgekommen. Das Gefühl schien ihm sämtliche Kraft zu rauben. Gleichzeitig fühlte er sich aufgekratzt, wurde angetrieben von dem verzweifelten Wunsch, dieser ganzen Misere zu entkommen.

Er wusste, dass die Welt vor einer ungeheuren, vielleicht vernichtenden Bedrohung stand. Er wusste, wo dieser Anschlag stattfinden würde. Er wusste sogar, wer die Drahtzieherin hinter allem war und wo sie sich aufhielt. Aber er konnte rein gar nichts unternehmen. Nicht, wenn er das Leben seiner Freunde beschützen wollte. Er konnte den Stützpunkt nicht auffliegen lassen, solange Paula nicht in Sicherheit war. Er konnte Lea nicht auffliegen lassen, solange Michael und Carol noch im Koma lagen. Michael … ein vollkommen Unschuldiger, der in die Sache mit hineingezogen worden war. Er würde es sich niemals verzeihen, wenn Michael seinetwegen nicht mehr aus dem Koma erwachte. Und Carol … Ihm wurde schmerzlich bewusst, wie sehr er sie vermisste. Sie war in den letzten Jahren fast immer an seiner Seite gewesen. Jetzt befand sie sich in einer anderen, leeren Welt, und er wusste nicht, ob sie jemals wieder daraus zurückfinden würde.

Auf einmal hatte er das Gefühl, keinen Meter mehr weitergehen zu können. Er taumelte ein paar Schritte die Böschung hinab und ließ sich in das trockene Gras fallen. Dann blickte er doch hinunter auf die Stadt: auf die riesigen Wolkenkratzer, die wie dunkle Finger in den Himmel ragten; die schnurgeraden Straßen, die wie glitzernde Lichtbänder in der Dunkelheit funkelten; die unzähligen Lichter, die jeden einzelnen der vier Millionen Einwohner zu repräsentieren schienen. Ein Gedanke kam ihm, der so ungeheuerlich war, dass es ihm einen Schauer den Rücken hinunterjagte. Wie viel war ein einzelnes Menschenleben wert? Wenn er Alarm schlagen würde, wenn er irgendwie mit den zuständigen Behörden Kontakt aufnehmen und ihnen alles erklären würde, wenn eine ganze Hundertschaft den Stützpunkt stürmen und sich den Weg durch die Tür frei sprengen würde, dann könnte er Leas Anschlag womöglich verhindern. Er würde das Leben seiner Freunde zum Wohle der Menschheit opfern. Das Leben einiger weniger für das Leben von vielen. War es das wert? Rein rechnerisch gab es keine Diskussion. Moralisch und ethisch wahrscheinlich ebenso wenig. Hätte ihm jemand vor einigen Tagen diese Frage gestellt, hätte er sie, ohne zu zögern, mit Ja beantwortet. Natürlich war es wichtiger, das Leben von vielen Menschen zu schützen als das Leben von wenigen. Doch es war eine Sache, theoretische Zahlenspiele zu betreiben, und eine vollkommen andere, wenn es um das Leben der eigenen Freunde ging.

Davon abgesehen konnte er ohnehin nichts ausrichten, selbst wenn er sich für diesen Weg entscheiden würde. Er wurde wegen versuchten Mordes gesucht. Wenn er zum LAPD oder zu irgendwelchen anderen offiziellen Behörden marschierte, würden die ihn augenblicklich in eine Zelle sperren und keinen Pfifferling auf das geben, was er über das drohende Ende der Welt schwafelte. Was blieb also noch? Die einzigen beiden Personen, die ihm hätten helfen können, hatten ihn im Stich gelassen: Faber hatte die Hosen voll und fühlte sich dem CIA-Chef gegenüber mehr verpflichtet als ihm. Und Miles machte sich größere Sorgen darum, seinen Job zu verlieren, als einer der größten Verbrecherinnen der Welt das Handwerk zu legen. Es war niemand mehr übrig, dachte Nick traurig. Er war ganz auf sich allein gestellt und hatte keine Ahnung, was er tun sollte.

»LORY an SPY. LORY an SPY.« Nick schreckte hoch. Petra! Sie meldete sich mit ihrem Decknamen über das CBPI.

»SPY hier.«

»Gott sei Dank erreiche ich dich. Ich hab versucht, dich anzurufen. Wo steckst du? Was zum Teufel soll das mit dir und Clifford?«

»Ich wurde reingelegt. Erklär ich dir später. Und anrufen kannst du dir sparen. Das Handy hab ich weggeworfen. Was ist los? Gibt's was Neues von Carol?«

»Nein. Aber ich hab eine SMS von GLORY bekommen. Es könnte die Lösung für unsere Probleme sein.«

»GLORY?« Paulas Deckname. »Ist sie den Typen entwischt?«

»Glaub ich nicht. Die SMS kam von einer unterdrückten Nummer. Und ans Handy geht nach wie vor niemand.«

»Was stand denn drin?«

»Nicht über Funk. Wir sollten uns treffen.«

»Dann komm ich ins Hotel.«

»Besser nicht. Die Polizei observiert das Gebäude. Mich haben sie auch schon verhört. Wo bist du überhaupt?«

»Irgendwo oberhalb von Hollywood. Lange Geschichte.«

»Dann treffen wir uns in der Mitte.«

»Einverstanden. Bruno, such nach geeigneten Hotels in der Gegend. Irgendwas, wo man bar zahlen kann. Ich brauch dringend eine Dusche.«

»Ich hätte da eins. Halbe Stunde Fußweg. Direkt an der Hauptstraße. Zimmer sind auch noch frei.«

»Hervorragend. Dann treffen wir uns dort. LORY, du solltest auf mögliche Verfolger aufpassen.«

»Das krieg ich hin.«

»Und was immer du tust – geh nicht ans Handy!«

Er warf noch einen letzten Blick auf den Parkplatz des Motels, dann klopfte er leise an das abgenutzte Furnier der Zimmertür. Ein Auge erschien hinter dem Türspion. Kurz darauf öffnete sich die Tür einen Spaltbreit. Er huschte in das von einer Nachttischlampe schummerig beleuchtete Zimmer. Es war klein und schäbig, mit einem Doppelbett, einem zerschlissenen Sessel und einigen in die Wand eingelassenen Brettern als Regal. An mehreren Stellen blätterte die Tapete ab, und die geblümte Tagesdecke biss sich mit den karierten Vorhängen. Der Gestank von kaltem Rauch hing in der Luft.

»Du siehst furchtbar aus«, sagte Petra.

»Vielen Dank«, erwiderte Nick. »Das deckt sich in etwa damit, wie ich mich fühle.«

»Ging alles glatt?«

»Vorn an der Ecke ist mir ein Streifenwagen entgegengekommen. Aber sie haben mich nicht gesehen.«

Nick ließ sich in den Sessel fallen und begutachtete den Schnitt in seiner blutverschmierten Jeans. Petra betrachtete ihn mit ernstem Gesicht.

»Wie ist das passiert?«

»Das war ich selbst.«

»Was?«

»Ich wollte *springen*. Hat aber nicht funktioniert.«

»Du spinnst doch!«

»Ich weiß. War 'ne bescheuerte Idee.« Er seufzte und sah auf. »Was stand in der SMS?«

Petra setzte sich aufs Bett und verschränkte die Arme vor der Brust. »Zuerst will ich wissen, was Clifford mit der ganzen Sache zu tun hat. Warum hat jemand versucht, ihn umzubringen? Und warum schiebt er es dann dir in die Schuhe?«

»Clifford ist nur das Bauernopfer. Es geht überhaupt nicht um ihn. Es geht um mich.«

Nick berichtete Petra rasch, was sich in den letzten Stunden ereignet hatte. Während er erzählte, wurde ihm erst richtig bewusst, welche Dimensionen der Fall in der kurzen Zeit angenommen hatte. Heute Morgen war ihre größte Sorge gewesen, Jack und Paula wiederzufinden. Keine zwölf Stunden später mussten sie die Menschheit vor einer der schlimmsten Verbrecherinnen beschützen, die die Welt je gesehen hatte.

»Lea van Rouwen!?!«, rief Petra fassungslos. »Das kann nicht sein. Sie ist tot!«

»Das dachte ich auch. Aber ich habe sie gesehen, Petra. Sie lebt. Und abgesehen von dem Rollstuhl, in dem sie jetzt sitzt, hat sie sich kein bisschen verändert.«

»Soll das heißen, dass Lea meine Schwester in ihrer Gewalt hat?«

»Ich fürchte, ja. Wir müssen sie aufhalten. Ich weiß nur nicht, wie.«

Petra nahm ihr Handy vom Bett, öffnete ihre Nachrichten und hielt Nick das Telefon hin. »Vielleicht hiermit.«

Nick nahm das Handy entgegen und las die SMS auf dem Display: *P Tür P 0900 Energie GL + J.* Er sah Petra an. »Sorry, aber ich habe keine Ahnung, was das bedeuten soll.«

»Ist doch logisch«, meinte Petra verwundert. »Ich soll morgen um neun Uhr zu der Tür im Hangar kommen. Wenn Paula auf der anderen Seite steht, können wir versuchen, die elektronische Verriegelung der Tür mit unserem Energiefeld außer Kraft zu setzen.«

»Okay … und *GL + J*?«

»Steht für GLORY und Jack.«

Nick sann eine Weile vor sich hin. Wenn das stimmte, hatte sich zumindest sein Verdacht, was Jack anging, in Luft aufgelöst. Das war die erste gute Nachricht des Tages. Und Paula schien es ebenfalls gut zu gehen. Er sah auf. »Ich gebe zu, das könnte funktionieren. Es gibt da nur ein kleines Problem. Wir haben keine Chance, ungesehen bis zum Hangar zu kommen. Und wenn sie uns entdecken, ist deine Schwester tot.«

Nick drehte das Wasser so heiß auf, dass es ihm fast die Haut versengte. Es schmerzte, aber es tat seine Wirkung. Seine verkrampften Muskeln entspannten sich ein wenig. Nick schloss die Augen und genoss das Gefühl, als Dreck, Blut und die Strapazen des Tages den Abfluss der winzigen Dusche hinuntergespült wurden.

Sie hatten noch eine Weile überlegt, wie ihre Chancen standen, unbemerkt bis zur Hangartür vorzudringen. Doch obwohl Nick sich an einige der Kameras erinnerte, die sie während ihrer Erkundungstour entdeckt hatten, wussten sie nicht, wie viele sonst noch installiert waren. Das Risiko, eine zu übersehen, war einfach zu groß.

Als das Wasser plötzlich kalt wurde, drehte er es rasch ab und rubbelte sich mit einem rauen Handtuch trocken, das eindeutig auch schon bessere Tage gesehen hatte. Dann verband er die Stichwunde am Oberschenkel und zog die frischen Klamotten an, die Petra ihm in weiser Voraussicht aus dem Hotel mitgebracht hatte. Zumindest körperlich fühlte er sich jetzt wieder besser.

In einer Wolke aus Wasserdampf trat er ins Schlafzimmer hinaus. Petra lag auf dem Bett und starrte an die Decke.

Nick dachte wieder an die fast unmöglich zu beantwortende Frage, was wertvoller war: das Leben eines Einzelnen oder das Leben vieler. Er schreckte schon davor zurück, das Leben seiner Freunde zu riskieren. Wie viel schlimmer musste es in Petra aussehen, wenn das Leben der eigenen Zwillingsschwester auf dem Spiel stand.

Ein leises Klopfen ließ ihn herumfahren. Auch Petra setzte sich ruckartig auf und sah zur Zimmertür.

»Wer ist da?«, rief sie laut.

»Ich bin's«, drang eine Stimme durch die Tür. »Miles.«

Petra stand auf und ging zur Tür, öffnete sie aber nicht.

»Was willst du?«

»Mit euch reden. Und möglichst nicht durch die Tür. Das erregt ein bisschen zu viel Aufmerksamkeit.«

Petra warf Nick einen fragenden Blick zu. Er überlegte kurz und nickte dann. Petra öffnete die Tür.

Miles betrat das Zimmer und sah sich in dem kleinen Raum um. Sein Blick verharrte auf Nick, der ihn mit verschränkten Armen musterte.

»Alles okay mit dir?«, fragte Miles aufrichtig besorgt. »Du bist gehumpelt.«

»Woher weißt du, dass wir hier sind?«, fragte Nick.

»Ich wollte mit dir reden, aber ich habe dich nicht erreicht. Also habe ich mich vor eurem Hotel auf die Lauer gelegt und bin Petra gefolgt. Ich habe vermutet, dass ihr euch früher oder später irgendwo trefft.«

»Du bist mir gefolgt?«, fragte Petra entrüstet. »Das kann nicht sein. Ich habe alle Verfolger abgeschüttelt.«

»Ja, alle vom LAPD. Aber mich nicht.« Miles grinste kurz, wurde aber gleich wieder ernst. »Ich hab mich noch eine Weile versteckt gehalten, auch nachdem Nick aufgetaucht war. Ich wollte sichergehen, dass wirklich niemand weiß, wo ihr seid.«

»Was willst du von uns?«, fragte Nick.

»Wie schon gesagt – ich will mit euch reden«, sagte Miles und setzte sich unaufgefordert in den Sessel, was Petra mit einem frostigen Blick quittierte. »Ich hab nachgedacht. Wenn tatsächlich Lea van Rouwen hinter der ganzen Sache steckt, dann sollten wir unbedingt zusammenarbeiten.«

»Und was sagt dein Chef dazu?«, wollte Nick wissen.

»Der weiß nichts davon. Ich habe ihn heute Mittag angerufen und ihm die Sache geschildert. Er hat mich direkt zum obersten CIA-Chef durchgestellt, und der wiederum hat mich abgewimmelt wie eine lästige Fliege. Ich vermute, dass er erpresst wird. Das ist die einzig vernünftige Erklärung für die Art und Weise, wie er mich abgekanzelt hat.«

»Einer der größten Geheimdienste der Welt lässt sich erpressen?«, fragte Petra schroff. »Ganz schön armselig.«

»Das bedeutet im Klartext: Die CIA unternimmt nichts«, fügte Nick hinzu.

»So in etwa«, räumte Miles ein. »Sie haben ein Sonderkommando ins Leben gerufen, das sich mit der ganzen Sache befasst. Das SWAT-Team hat den Stützpunkt weiträumig umstellt. Aber es wird nicht eingreifen.«

»Wieso weißt du das alles?«, wollte Petra wissen.

»Weil ich seit einem halben Jahr für das Projekt *Radio Alpha* verantwortlich bin. Der Agent, der es in den vergangenen Jahren betreut hat, ist in den Ruhestand gegangen, und als ich aus Tibet zurückkam, hat man mir das Projekt übertragen.«

»*Radio Alpha*?«, hakte Nick nach.

»Kurzform *Ralph*. Das Projekt ist so supergeheim, dass nur die drei in der Anlage stationierten IT-Spezialisten, ich und einige hohe Tiere der CIA davon wissen. So soll verhindert werden, dass Spione von der Technologie erfahren.«

Miles lehnte sich im Sessel zurück. Nick hatte sich aufs Bett gesetzt. Petra hingegen stand immer noch mit verschränkten Armen vor der Tür und sah Miles finster an.

»Damit ihr versteht, worum es geht, fange ich am besten von vorne an«, sagte Miles. »Die Mojave Air Force Base musste in den 1960er-Jahren aufgrund verseuchter Böden aufgegeben werden. Die CIA schloss damals einen Deal mit der Air Force und übernahm Teile des Geländes, ohne dass die Öffentlichkeit davon erfuhr. Hauptsächlich waren sie an den voll funktionsfähigen, extrem leistungsstarken Parabolantennen interessiert, die unter anderen Umständen dem Verfall preisgegeben worden wären. Die Agency errichtete ein unterirdisches Forschungszentrum, in dem bis zum heutigen Tag an Kommunikationsmöglichkeiten geforscht wird, die unabhängig von gängigen Mobilfunknetzen oder Satellitenkommunikation sind. Dahinter steckt das Ziel, verschlüsselte Nachrichten weltweit zu verschicken, ohne dass der Feind sie abfangen und entschlüsseln kann.«

»Moment mal«, unterbrach ihn Nick. »Du willst also sagen, dass die Tür im Hangar in ein unterirdisches Forschungszentrum führt?«

»Ja.«

»Und dass man über die Parabolantennen weltweite Funksignale aussenden kann?«

»Korrekt.«

»Wer empfängt diese Signale?«

»Jedes gängige Gerät, das dazu in der Lage ist. Funkgeräte zum Beispiel. Oder Handys.«

»Werden nur Textnachrichten verschickt? Oder kann man auch Sprachnachrichten übermitteln?«

»Es kommt immer darauf an, welche Frequenz man benutzt, welche Wellenlänge und so weiter. Dann kann ein Signal in alles Mögliche umgewandelt werden. Texte, akustische Signale – und eben die spezielle Art von Signalen, an denen wir forschen.«

»Handys«, murmelte Nick. »Funksignale auf Handys …« Dann rief er plötzlich so laut, dass Petra und Miles zusammenzuckten: »DAS IST ES!«

Die beiden sahen ihn verständnislos an. »Was ist was?«, fragte Petra.

»Versteht ihr denn nicht?«, rief Nick. Er sprang vom Bett auf und lief erregt in dem kleinen Raum auf und ab. »Jedes Mal, wenn sich jemand komisch benimmt und danach in diese Starre verfällt, hat er kurz zuvor einen Anruf erhalten. Was ist, wenn bei diesem Anruf ein Signal abgegeben wurde, das irgendwie das Gehirn manipuliert?«

»Wir verschicken verschlüsselte Nachrichten, Nick. Wir manipulieren keine Gehirne.«

»Die CIA vielleicht nicht. Aber Lea van Rouwen.«

Miles wollte etwas erwidern, verstummte dann jedoch und sah Nick eine Weile nachdenklich an. Nick konnte förmlich sehen, wie es im Kopf des Agenten arbeitete. Schließlich nickte Miles. »Wenn du recht hast ... dann stehen wir tatsächlich kurz vor einer Katastrophe.«

»Noch mal ganz langsam zum Mitschreiben«, sagte Petra. »Lea van Rouwen besitzt eine Technologie, mit der sie per Funksignal Menschen manipulieren kann. Derek, Miley, Carol, die Surfer, der Autofahrer, der Gouverneur ... das war alles sie. Aber wie hat sie das gemacht? Die Vorfälle haben begonnen, lange bevor sie den Stützpunkt in ihre Gewalt gebracht hat.«

»Die Vorfälle fanden alle in einem Umkreis von etwa einhundert Kilometern statt«, erwiderte Miles. »Ich nehme an, dass sie im Besitz eines eher schwachen Senders mit begrenzter Reichweite ist. Vermutlich hat sie ihn so installiert, dass er von einem Ort zum anderen bewegt werden kann. Zum Beispiel getarnt als Satellitenschüssel auf einem Campingbus.«

»Oder als Antenne an einem Übertragungswagen«, warf Petra ein.

»Lea ist im Besitz einer unglaublich gefährlichen Waffe. Aber es reicht ihr nicht, sie nur auf so kleinem Raum einzusetzen«, spann Nick den Faden weiter. »Sie will das Signal um die ganze Welt schicken. Und dafür benötigt sie entweder Tausende solcher mobilen Antennen – oder die Parabolantennen auf dem Stützpunkt.«

»Warum ist dann noch nichts passiert?«, fragte Petra. »Worauf wartet sie?«

»Ich vermute, dass einer der Techniker das System gesperrt hat«, sagte Miles. »Die Eindringlinge dürften gerade damit beschäftigt sein, den Zugangscode zu entschlüsseln. Das wird sie zwar eine Weile aufhalten, aber mit der richtigen Software kann früher oder später jedes Passwort geknackt werden.«

»Und dann hat Lea freie Bahn«, sagte Nick.

»Das dürfen wir nicht zulassen«, erklärte Petra entschlossen. »Wir müssen auf schnellstem Weg in diese unterirdische Anlage eindringen und verhindern, dass Lea die Parabolantennen in die Finger bekommt. Das wäre eine Katastrophe!«

»Was ist mit Paula?«, fragte Nick. »Wenn sie uns bemerken, bringen sie sie um.«

Petra warf ihm einen schwer zu deutenden Blick zu und sagte: »Dann sollten wir besser dafür sorgen, dass sie uns *nicht* bemerken.«

Nick schwieg. Petra war bereit, ein ungeheuerliches Risiko einzugehen. Er wusste nicht, ob er an ihrer Stelle so viel Mut aufgebracht hätte. Schließlich nickte er. »Was machen wir mit Lea? Sie darf unter keinen Umständen entkommen. Wir brauchen sie. Lebend.«

»Prinzipiell stimme ich dir zwar zu, aber warum ist es dir so wichtig, dass sie überlebt?«, fragte Miles.

»Sie hat gesagt, dass nur sie in der Lage sei, die Starre rückgängig zu machen. Wenn sie stirbt, bleibt Carol für immer in diesem Zustand. Und alle anderen auch.«

»Hm«, machte Miles. »Frau van Rouwen mag ja ganz schön was auf dem Kasten haben, aber *diese* Aussage halte ich für einen kolossalen Bluff. Andere Mütter haben auch schlaue Kinder zur Welt gebracht.«

Petra stemmte die Hände in die Hüften und baute sich vor den beiden Jungs auf. »Also: Wie gehen wir vor?«

Miles ließ sich von ihrem drängenden Tonfall nicht beeindrucken, zog eine Tüte Salmiak-Pastillen aus der Innentasche seines Jacketts und steckte sich eine Raute in den Mund. »Hilft mir beim Nachdenken«, erklärte Miles der stirnrunzelnden Petra und hielt ihr die Tüte hin. »Auch welche?«

»Nein danke.«

Während Miles gedankenversunken sein Lakritz lutschte, tigerte Nick erneut auf und ab und rekapitulierte, was sie über die Sicherheitsvorkehrungen der Air-Force-Base wussten. »Der gesamte Stützpunkt ist eingezäunt. Der oberirdische Bereich wird von Kameras gesichert. Der Zutritt zur Anlage ist nur durch eine Stahltür mit elektronischem Schließmechanismus möglich. Unsere CBPIs funktionieren nicht – aufgrund von Störfrequenzen, um fremden Funkverkehr zu unterbinden, nehme ich an«, fügte er mit einem fragenden Blick auf Miles hinzu.

Der steckte sich eine weitere Raute in den Mund und nickte bestätigend.

»Ich habe keine Ahnung, wie wir da reinkommen sollen, ohne dass uns jemand bemerkt.«

»Aber ich«, sagte Miles und richtete sich auf.

»Und wie?«, fragte Petra ungeduldig.

»Ganz einfach. Wir schlagen sie mit ihren eigenen Waffen.«

»Irgendeinen Vorteil muss es ja haben, dass ich der zuständige Agent für *Ralph* bin«, sagte Miles und hielt triumphierend einige Blätter in die Höhe, mit denen er gerade hereingekommen war. Er schloss die Tür des Motelzimmers hinter sich und breitete die Blätter auf dem Boden aus. »Dann machen wir uns mal an die Arbeit.«

Miles hatte ihnen von einer Karte des Stützpunkts erzählt, auf der sämtliche Überwachungskameras eingezeichnet waren. Das Problem mit dem toten Winkel existierte nicht nur im Hangar, sondern auch in vielen anderen Bereichen des Geländes, und war bereits seit der Installation der neuesten Kameramodelle vor zwei Jahren bekannt. Wenn sie sich mithilfe der Karte von einem toten Winkel zum nächsten vorarbeiteten und sich schließlich durch das Loch in der Hangardecke abseilten, bestand eine reelle Chance, unerkannt bis zur Tür vorzudringen.

»Und wie sollen wir an die Karte kommen?«, hatte Petra gefragt.

»Neben der Rezeption steht ein Computer«, erwiderte Miles. »Schon ein bisschen altersschwach, aber dafür wird's noch reichen.«

»Seit wann kann man sich von einem öffentlichen Computer in das System der CIA einwählen?«

»Kann man nicht.« Miles druckste ein wenig herum. »Ich … nun ja …«

Petra sah ihn misstrauisch an. »Ja?«

»Ich … hab mir vor ein paar Monaten einige Dateien vom CIA-Server in meine private Cloud geladen. Unter anderem auch die Karte vom Stützpunkt.«

Nick grinste. »Wie praktisch.«

»Kein Wort davon zu irgendjemandem, okay?«

»Wir schweigen wie ein Grab.«

Miles war in die Lobby gegangen und eine Viertelstunde später mit mehreren Blättern zurückgekehrt, auf denen sämtliche Gebäude des Stützpunkts inklusive der Standorte der Kameras verzeichnet waren. Gemeinsam beugten sie sich über die Ausdrucke und machten sich an die Arbeit. Während Miles mit rotem Filzstift den Bereich schraffierte, den die Kameras ungefähr abdeckten, zeichnete Nick in den unschraffierten Bereichen den Weg ein, den sie bis zum Hangar nehmen konnten. Die Linie führte im Zickzackkurs über das Gelände, umrundete Gebäude, an denen sie normalerweise einfach hätten vorbeigehen können, und zwang sie an einer Stelle sogar dazu, bäuchlings an einem Tor vorbeizurobben, was Nick mit einem entsprechenden Eintrag auf der Karte vermerkte. Es würde nicht ganz einfach werden – aber es konnte funktionieren.

Zufrieden lehnten sie sich zurück und betrachteten ihr Werk.

»Jetzt gibt es eigentlich nur noch ein Problem«, warf Petra ein. »Wir müssen irgendwie an dem SWAT-Team vorbeikommen, das den Stützpunkt umstellt hat.«

»Da hätte ich eine Idee«, sagte Nick und wandte sich an Miles. »Die Einsatzkräfte sind doch bestimmt über Funk verbunden, oder?«

»Ja, natürlich.«

»Du weißt nicht zufällig, auf welcher Frequenz?«

»Nein, aber das kann ich rausfinden. Warum?«

»Bruno kann sich in ihre Funkverbindung einwählen und ihnen den Befehl zum Abzug geben.«

»Wie bitte?«, erklang eine empörte Stimme in seinem Ohr. »Auf keinen Fall!«

»Wieso denn nicht?«

»Das ist Hochverrat.«

»Wir gehören zum BND und nicht zur CIA. Das würde also höchstens als Spionage gelten.«

»Und das soll jetzt besser sein, oder was?«

»Was hat er denn?«, fragte Miles.

»Skrupel«, erwiderte Nick genervt. »Ich frage mich, warum man immer alles mit ihm ausdiskutieren muss. Beim nächsten Systemcheck bitte ich Herrn Müller, ihm den Emotionschip zu verlöten.«

»Püh.«

»Bestell Bruno schöne Grüße und sag ihm, er ist überstimmt«, sagte Miles grinsend. »Ich finde die Idee nämlich gut.«

»Scheiß Demokratie …«, maulte Bruno. »In Geheimdiensten gibt es keine demokratischen Entscheidungen, sondern Befehle und ...«

»Schluss jetzt, Bruno. Und das ist ein Befehl.«

»Ich muss aber mindestens auf fünf Kilometer ran, um mich in die Funkfrequenz einzuschalten.«

»Das sollten wir hinkriegen.«

»Und ich brauche den Namen der Operation.«

Auf Nicks entsprechende Frage antwortete Miles: »Die Operation heißt Adlerhorst.«

»Adlerhorst?«, fragte Petra ungläubig. »Wer hat sich denn den Namen ausgedacht?«

»Der Adler als Wappentier der CIA, der Stützpunkt als Adlernest ... Ist doch eigentlich ganz passend.«

Nick und Petra sahen sich an. Dann prusteten sie los, und Nick stellte fest, dass dieses alberne Lachen ihm guttat.

»Als gäbe es beim BND keine merkwürdigen Operationsnamen«, erwiderte Miles eingeschnappt. »Wir sind wenigstens kreativ.« Er wartete, bis die beiden wieder einigermaßen Luft bekamen, dann fragte er: »Was machen wir mit Lea?«

Nick wischte sich ein paar Lachtränen aus dem Gesicht. »Ich denke, es ist an der Zeit, Faber mit ins Boot zu holen.«

Petra reichte ihm ihr Handy, und Nick wählte die Nummer. Nach dem sechsten Klingeln nahm der Direktor ab. Er klang müde, als hätte er schon geschlafen. Doch als Nick ihm in wenigen Worten schilderte, was sich seit ihrem letzten Telefonat ereignet hatte und welchen Plan sie verfolgten, spürte er förmlich, wie ein Ruck durch die Leitung ging und Faber schlagartig hellwach war.

»Lea van Rouwen? Und du bist dir ganz sicher?«

»Hundertprozentig. Uns bleibt nicht mehr viel Zeit. Wir können nicht warten, bis der Einsatz von den obersten Stellen genehmigt wird. Mal davon abgesehen, dass diese Stellen ihre eigenen Interessen zu verfolgen scheinen.«

»Ich verstehe. Schick mir die Adresse. Ich sehe zu, was ich machen kann. Ihr kümmert euch um den Stützpunkt.«

»Wir haben uns für eine« – er zögerte kurz – »etwas unorthodoxe Vorgehensweise entschieden, die eventuell zu … Unstimmigkeiten zwischen CIA und BND führen könnte. Ich wollte fragen, ob Sie angesichts der akuten Bedrohung damit einverstanden sind.«

»Hallo?«, sagte Faber. Seine Stimme klang plötzlich weit entfernt, als würde er den Hörer vom Gesicht weghalten. Irgendetwas raschelte im Hintergrund. Nick hätte schwören können, dass es sich um ein Bonbonpapier handelte. »Die Verbindung ist plötzlich ganz schlecht. Ich hab nicht verstanden, was du als Letztes gesagt hast. Nick? Bist du noch da? Schick mir die Adresse, hörst du?« Dann wurde die Verbindung getrennt.

34

Nach mageren drei Stunden Schlaf brachen sie auf. Miles fuhr den Wagen, den er zwei Querstraßen vom Motel entfernt geparkt hatte, und während Nick und Petra noch ein wenig vor sich hin schlummerten, hielt er sich mit einer neuen Tüte Lakritz und einem riesigen Kaffee to go wach.

Gegen sieben Uhr bog er auf eine Tankstelle ein und weckte die anderen. »Aufwachen, ihr Schlafmützen.«

Nick schreckte hoch. »Wo sind wir?«

»Kurz vor der Abzweigung vom Highway. Bis zum Stützpunkt sind es noch gut fünf Kilometer. Von hier aus müsste sich Bruno in den Funk des SWAT einschalten können.«

»Es gibt Regeln in diesem Land«, meldete sich Nicks CBPI prompt zu Wort. »Ganz wundervolle Regeln. Ich liebe Regeln. Sie machen alles so schön übersichtlich. Und das hier verstößt gegen jede Regel, die mir je programmiert wurde.«

»Ach Bruno«, seufzte Nick. »Wir versuchen, die Welt zu retten, und du hältst mir eine Moralpredigt über Regeln. Du bist echt unglaublich.«

»War das jetzt ein Kompliment?«

»Kommst du von hier aus in den Funk des SWAT, ja oder nein?«

»Für Handlungen, die gegen internationales Recht verstoßen, bin ich nicht programmiert.«

»In deiner Standardversion stimmt das sogar. Aber ich weiß zufällig, dass Carol diesen Programmcode bei einem ihrer Updates umgeschrieben hat. Also: ja oder nein?«

»Ich will nicht ins Gefängnis!«

»Bruno! Wann wurde jemals ein Computerprogramm zu einer Gefängnisstrafe verurteilt?« Nick war kurz davor zu explodieren. »Wenn hier einer ins Gefängnis kommt, dann ich. Und ich nehme dieses Risiko gern in Kauf.«

»Haha. Und was mache ich solange, während du in irgendeiner Zelle vor dich hin rottest? Urlaub auf den Malediven? Nein, nein, mein Lieber, wir stecken da gemeinsam drin. Wenn sie das Signal, von dem die falsche Meldung ausgeht, bis zu mir zurückverfolgen, dann machen die mir den Garaus, wetten? Sie zerstören mich. Bis auf die letzte Platine.«

»Vielleicht. Mit absoluter Sicherheit kannst du aber davon ausgehen, dass du in einer Schrottpresse landest, wenn du dich weiterhin weigerst, uns dabei zu helfen, die ganze Menschheit vor einer Katastrophe zu bewahren.

Außerdem *können* sie es überhaupt nicht bis zu dir zurückverfolgen. Bis sie herausfinden, dass sie einem Schwindel aufgesessen sind, sind wir längst auf dem Stützpunkt. Und dort wird dein Signal gestört. Ergo können sie dich auch nicht mehr orten.«

Bruno schwieg kurz. Dann fragte er: »Versprochen?«

»Versprochen. Und jetzt sag mir endlich, ob wir nah

genug am Stützpunkt sind, um den Funkspruch abzugeben.«

»Ja«, erwiderte Bruno knapp.

Nick lehnte sich zurück und atmete tief durch. »Du machst es einem echt nicht leicht.« Dann sah er zu Petra und Miles, die seine Unterhaltung belustigt verfolgt hatten, und hielt den Daumen hoch. Es konnte losgehen.

Der Befehlshaber des SWAT-Teams war sauer. Müde, hungrig und sauer. Bereits seit gestern Abend hatten sie die Mojave Air-Force-Base umstellt und warteten darauf, zuzuschlagen. Einzelheiten kannte er nicht, aber mit Sicherheit hatte sich irgendein Superschurke auf dem Stützpunkt verschanzt, sonst hätte man sie nicht gerufen. Seine Männer waren absolute Profis. Sie kamen immer nur bei den ganz großen Fischen zum Einsatz.

Die Warterei war zermürbend. Es würde schon einen Grund geben, warum der Befehl zum Zugriff nicht kam, aber manchmal glaubte er, dass die Verantwortlichen schlicht die Hosen voll hatten. Sie ließen sich mehr und mehr von den Terroristen auf der Nase herumtanzen, anstatt selbst die Initiative zu ergreifen.

Smith, ein altgedienter CIA-Agent, der den Einsatz des SWAT mit der Leitstelle koordinierte, trat zu ihm. Er hatte zwei große Becher mit dampfendem Kaffee in der Hand.

»Schwarz oder mit Milch?«

»Schwarz.«

Smith streckte ihm den linken Becher hin, und er nahm ihn dankbar entgegen.

»Danke, dass ihr hier die ganze Nacht ausgeharrt habt«, sagte der CIA-Agent.

»Warum greifen wir nicht ein?«, fragte er und trank einen Schluck. Der Kaffee schmeckte furchtbar.

»Keine Ahnung. Mit solchen Entscheidungen habe ich nichts zu tun. Aber ich bin sicher, dass es bald losgeht.«

»Das will ich auch schwer hoffen«, knurrte er. In diesem Moment erwachte sein Funkgerät, mit dem er über ein Headset verbunden war, knisternd zum Leben. Jetzt. Jetzt würde endlich der Befehl zum Zugriff kommen.

»An alle Einheiten. Operation Adlerhorst wird abgebrochen. Vollständiger Rückzug. Ich wiederhole: Operation Adlerhorst wird abgebrochen.«

Fassungslos starrte er Smith an, der seinen Blick ebenso verdattert erwiderte. Erst als eine Stelle an seinem rechten Oberschenkel schmerzhaft zu brennen begann, merkte er, dass er seinen Kaffeebecher schief gehalten und die heiße Flüssigkeit seine Hose durchtränkt hatte. Ärgerlich schleuderte er den Becher davon.

»Das gibt's doch nicht!«, sagte Smith entsetzt. »Das klang bei der Lagebesprechung heute Morgen noch ganz anders. Ich hake da mal nach.« Smith drückte ein paar Knöpfe auf seinem Funkgerät. Er wartete kurz und versuchte es erneut. Dann sagte er mit einem missmutigen Gesichtsausdruck: »Ich komm nicht durch. Irgendwas stimmt mit der Verbindung nicht.«

Er lief eine Weile nachdenklich auf und ab. Schließlich blieb er vor dem Befehlshaber stehen und machte eine entschuldigende Geste. »Mir gefällt die Sache nicht. Aber Befehl ist Befehl. Ziehen Sie Ihre Männer ab.«

Zähneknirschend leitete der Einsatzleiter den Befehl an seine Männer weiter. Eins musste er ihnen lassen: Obwohl sie ebenfalls die ganze Nacht in der Wüste verbracht hatten und sich ebenso sehr danach sehnten, endlich den Stützpunkt zu stürmen, zögerten sie keine Sekunde. Innerhalb einer halben Minute hatte sich das komplette Special Weapons and Tactics Team der Central Intelligence Agency in die Fahrzeuge zurückgezogen und fuhr in einer sauberen Kolonne in Richtung L.A.

Echte Profis eben.

Nick saß im Auto und wartete auf die beiden anderen. Miles wollte sich in dem kleinen Tankstellenshop eine Cola kaufen, Petra war um das Gebäude herum in Richtung Toilette verschwunden. Vor fünf Minuten hatte Bruno den Funkspruch abgesetzt. Jetzt musste es jeden Moment so weit sein. Ein Streifenwagen näherte sich über den Highway. Zu Nicks Entsetzen wurde er langsamer, setzte den Blinker und fuhr auf die Tankstelle zu. Nick ging sofort auf Tauchstation, damit ihn die Polizisten nicht sahen. Als mehrere Minuten lang nichts geschah, hob er den Kopf und spähte mit klopfendem Herzen durch das Seitenfenster. Der Streifenwagen parkte an einer Tanksäule. Während einer der Polizisten den Zapfhahn bediente, schlenderte der andere gerade in Richtung Eingang.

In diesem Moment kam Petra um die Ecke. Als sie die Polizisten erblickte, wich sie rasch wieder hinter das Gebäude zurück. Genau wie Nick schien sie zu vermuten, dass das LAPD inzwischen auch eine Fahndung nach ihr eingeleitet hatte. Die Polizisten waren zwar augenscheinlich nur zum Tanken hierhergekommen, trotzdem wurde Nick zusehends nervös. Sie waren fast am Ziel. Es wäre blanker

Hohn, wenn ihnen auf den letzten Metern zwei Streifen-polizisten einen Strich durch die Rechnung machen wür-den.

Von der Straße drang das Geräusch mehrerer Motoren zu ihm herüber. Geduckt wandte er sich um. Eine Kolonne aus gut einem Dutzend schwarzer Geländefahrzeuge brauste an der Tankstelle vorbei. Das musste das SWAT-Team sein. Ihr Trick hatte funktioniert! Jetzt galt es, so schnell wie möglich auf den Stützpunkt zu kommen, bevor irgendjemandem bei der CIA auffiel, dass der Funkspruch gefälscht war.

Die Fahrertür öffnete sich. Miles ließ sich hinters Steuer gleiten und zog die Tür rasch ins Schloss.

»Verflixte Cops«, murrte er. »Haben sie dich gesehen?«

»Glaub ich nicht, sonst hätte längst einer durch die Scheibe geguckt«, erwiderte Nick.

»Wo ist Petra?«

»Auf der Toilette. Um zum Auto zu kommen, muss sie di-rekt an den Cops vorbei. Wahrscheinlich will sie warten, bis sie wegfahren.«

Doch die Cops ließen sich Zeit. Nachdem der Polizist fer-tig getankt hatte, gesellte er sich zu seinem Kollegen an die Motorhaube, wo zwei Pappbecher mit Kaffee und eine große Schachtel Donuts standen. Nach ein paar Minuten wurden die Agenten zusehends unruhiger.

»Verflixt noch mal, wir müssen los«, knurrte Miles. »Müs-sen die ausgerechnet hier ihre Frühstückspause machen?«

Zu allem Überfluss waren die Polizisten inzwischen auf ihr Auto aufmerksam geworden. Immerhin saß Miles schon seit einer Weile hinter dem Steuer, ohne Anstalten zu machen, weiterzufahren. Die beiden Männer warfen immer wieder einen Blick in ihre Richtung, und schließlich nahm einer sein Funkgerät und sprach etwas hinein.

»Verdammt«, zischte Miles. »Wahrscheinlich lässt er das Nummernschild überprüfen. Wir müssen hier weg. Und zwar schnell!«

Auch Petra schien zu bemerken, dass sich die Situation zuspitzte. Sie tauchte hinter der Ecke auf und schlenderte so lässig wie möglich in ihre Richtung. Als sie am Streifenwagen vorbeikam, warf sie den Polizisten ein strahlendes Lächeln zu.

»Fuck, was macht sie denn da?«, murmelte Miles.

Die Polizisten hoben anerkennend die Augenbrauen und sahen ihr hinterher. Nick hielt den Atem an. Er war sich nicht ganz sicher, wie Petras Strategie aussah, aber sie schien aufzugehen.

Doch dann trat einer der Cops vor und rief: »Miss?«

Petra wandte sich um und ging zögernd ein paar Schritte zurück.

»Scheiße«, sagte Miles. »Scheiße, Scheiße, Scheiße.«

Sie konnten nicht erkennen, worum es bei dem Gespräch ging, aber es dauerte lange. Zu lange. Nick kaute vor Anspannung auf seiner Unterlippe herum. Sie mussten Petra irgendwie da wegbekommen.

Miles schien das Gleiche zu denken. »Duck dich. Ich geh zu ihr.« Er legte gerade eine Hand an den Türgriff, um auszusteigen, als Petra sich umdrehte. Sie warf noch einen letzten Blick über die Schulter zu den lächelnden Polizisten und kam dann aufreizend langsam auf sie zu. Nick atmete auf. Die Cops schienen sie nicht erkannt zu haben.

Anstatt zu ihrem Platz auf der Rückbank ging Petra um das Auto herum zur Beifahrerseite, öffnete die Tür und zischte Nick zu:»Rutsch runter.« Nick verkroch sich im Fußraum und machte sich so klein wie möglich. Petra setzte sich mit angezogenen Beinen auf den Beifahrersitz und schloss die Tür wieder.»Wenn ich mich hinten hinsetze, fällt das auf. Ich hab den Cops erzählt, wir würden einen Roadtrip durch den Westen machen und seien total ineinander verknallt. Wäre merkwürdig, wenn ich mich auf die Rückbank setzen würde.«

»Was wollten sie?«

»Flirten.«

Miles startete den Wagen. Als sie an den Polizisten vorbeifuhren, winkten Petra und er ihnen zu. Die Cops grüßten freundlich zurück und widmeten sich dann wieder Donuts und Kaffee. Die Nummernschildabfrage schienen sie vergessen zu haben.

Nachdem sie auf den Highway abgebogen waren und sich außer Sichtweite befanden, hielt Miles kurz an, damit Petra wieder nach hinten klettern konnte. Dann gab er Gas.

37

Für die letzten Kilometer bis zum Stützpunkt benötigten sie nur wenige Minuten. Schon bald kamen die Parabolantennen in Sicht, die wie zwei riesige Micky-Maus-Ohren in den Himmel ragten. Nick betrachtete die beiden gewaltigen Schüsseln. Der Anblick faszinierte ihn noch genauso wie beim ersten Mal.

Plötzlich stutzte er. Irgendetwas stimmte nicht. Nick richtete sich auf und kniff die Augen zusammen. Gerade eben hatten die Antennen genau parallel zueinander gestanden, deswegen war ihm auch der Vergleich mit den Ohren eingefallen. Doch jetzt stand eine der Antennen leicht schräg zu der anderen. Sie hatte sich bewegt! Ganz langsam, fast unmerklich, sodass er es beinahe übersehen hätte, drehte sich der Schirm der linken Antenne Zentimeter um Zentimeter in Richtung Osten.

»Seht doch!«, rief er und zeigte nach vorn. »Die Antennen. Sie bewegen sich! Die Typen müssen das System geknackt haben.«

»Shit«, stieß Miles aus und drückte das Gaspedal weiter durch. »Hoffentlich kommen wir nicht zu spät.«

Er steuerte das Auto nicht zum Eingangstor, sondern bog

etwa einen halben Kilometer vorher links ab und fuhr quer-
feldein auf den Maschendrahtzaun zu, der das Gelände umgab. Die Stelle, an der er schließlich anhielt, hatten sie gestern Abend als Startpunkt gewählt, da hier deutlich weniger
Kameras installiert waren als in der direkten Umgebung des
Haupteingangs.

Sie stiegen aus. Miles öffnete den Kofferraum und holte
einen Rucksack sowie einen Bolzenschneider heraus. Dann
trat er an den Zaun und durchtrennte nach und nach die
einzelnen Drähte. Nick schaute sich um. Die Landschaft lag
totenstill da. Nichts regte sich. Kein Laut war zu hören. Nick
kam es vor wie die Ruhe vor dem Sturm.

Miles steckte den Bolzenschneider in den Rucksack und
bog die Drähte auseinander, bis ein Loch entstanden war,
durch das sie nacheinander hindurchschlüpften. Dann
rannten sie bis zur Rückseite einer kleinen Garage für
Militärfahrzeuge, wo Miles die von ihnen markierte Karte
aus dem Rucksack zog und sie noch einmal eingehend stu-
dierte.

»Bereit?«, fragte er.

Nick und Petra nickten. »Bereit.«

»Also los. Nach links, um die Ecke und dann an der Wand
entlang bis zum ersten Garagentor.«

Auf diese Weise arbeiteten sie sich im Zickzackkurs von
einem toten Winkel zum nächsten. Nick kam das Ganze vor
wie der Gang über ein Minenfeld. Ein falscher Schritt, und
alles war aus!

Nach einigen Umwegen gelangten sie schließlich bis an

die Längsseite des Hangars. Sie wollten genau denselben Weg nehmen, wie ihn die Besatzer des Forschungszentrums genommen hatten – mit der Hebebühne aufs Dach und durch das Loch wieder hinunter. An dieser Stelle befand sich die größte Unbekannte in ihrem Plan – die Rückseite des Hangars besaß keinen toten Winkel. Nick hatte dafür plädiert, das Risiko trotzdem einzugehen. Die Kamera, die diesen Bereich filmte, war nämlich an genau dem Telefonmast installiert, an dem sich vor zwei Tagen die Drohne verfangen hatte. Nick vermutete, dass Costa deswegen so lange gebraucht hatte, um sie zu befreien – er hatte gleichzeitig die Kamera außer Betrieb gesetzt.

Sie pressten sich dicht an die Wand und arbeiteten sich bis zur Ecke des Hangars vor. »Bist du dir sicher?«, fragte Miles zum wiederholten Mal.

»Zu neunzig Prozent.«

»Und was ist mit den anderen zehn Prozent?«

»Auf die lassen wir es ankommen.«

Miles sah Nick mit hochgezogenen Augenbrauen an.

»Hast du eine bessere Idee?«, fragte Nick.

»Nein, hab ich nicht«, erwiderte Miles ungehalten. »Also los.«

Sie liefen um die Ecke zur Hebebühne. Der Zündschlüssel steckte noch. Miles drehte ihn um, und die Maschine sprang laut knatternd an. Nick zuckte zusammen. So ein Mist! Das Geräusch musste in der totenstillen Umgebung kilometerweit zu hören sein! Miles drückte gegen einen Hebel, woraufhin sich der Korb quälend langsam nach unten bewegte. Sie stiegen ein, und mit einem zweiten Schalthebel im Korb steuerte Nick die Bühne wieder nach oben. Er positionierte sie so, dass sie vom Korb aus auf das Dach hinunterspringen konnten. Dann traten sie vorsichtig bis an das Loch und sahen auf den etwa zwanzig Meter unter ihnen liegenden Hangarboden hinab. An einer frei liegenden Metallstrebe war das Kletterseil verknotet. Miles förderte einige Stoffstreifen aus seinem Rucksack zutage, die sie gestern Abend in weiser Voraussicht aus einem alten T-Shirt zurechtgeschnitten hatten. Da sie keine Bauchgurte zum Abseilen besaßen, würden sie sich mit Händen und Füßen an den Seilen ablassen. Um zu verhindern, dass das Seil dabei in ihre Handflächen schnitt, wickelten sie sich nun die Stoffstreifen um die Hände.

Miles machte den Anfang. Er griff das Seil, nickte ihnen noch einmal zu und sprang in die Tiefe. Kurz darauf hörten sie einen dumpfen Aufprall. Nick spähte über die Kante. Miles sah zu ihnen auf und reckte stumm den Daumen in die Höhe. Petra folgte ihm, und auch Nick gelang der Sprung problemlos.

Das Innere des Hangars lag vollkommen verlassen da. Niemand erwartete sie mit gezückter Waffe. Niemand sprang aus den Schatten auf sie zu. Seine Theorie mit der Kamera am Telefonmast schien sich zu bewahrheiten, und auch das Knattern der Hebebühne hatte entgegen seiner Befürchtung niemand bemerkt. Sie gingen so dicht wie möglich an der Wand entlang bis zur Metalltür. Miles schaute auf die Uhr. Es war fünf vor neun.

Die Minuten verstrichen quälend langsam. Sie verharrten schweigend und hofften, dass Paula es zur vereinbarten Zeit auf die andere Seite der Tür schaffte. Sonst war alles umsonst gewesen.

Immer wieder warf Nick einen Blick zu Petra, die direkt neben der Tür stand, doch sie schüttelte jedes Mal stumm den Kopf. Auch Miles wurde zusehends unruhiger. Neun Uhr verstrich, ohne dass etwas geschah. Eine weitere Minute verging, dann noch eine. Nicks Zuversicht sank. Ihr Plan funktionierte nicht. Irgendetwas war schief gegangen. Um fünf nach neun ging plötzlich ein Ruck durch Petras Körper.

»Paula«, wisperte sie. »Sie ist hier. Ich kann sie spüren.«

Rasch stellte sie sich vor die Tür und hob einen Arm, als zeigte sie auf das verbeulte Metall. Gebannt sahen Nick und Miles zwischen Mädchen und Tür hin und her. Petra befand sich jetzt genau im Blickfeld der Kamera. Wenn etwas schiefging, waren sie geliefert.

Nur wenige Sekunden nachdem Petra den Arm erhoben hatte, begann die Luft zwischen ihr und der Tür zu flimmern. Nick starrte auf die Tür, deren Umrisse durch das Flimmern hin und her waberten. Doch nichts geschah. Petra trat noch einen Schritt näher an die Tür heran. Ihr versteinertes Gesicht verzog sich vor Anstrengung, und das Flimmern nahm noch einmal an Intensität zu. Nick glaubte, ein irisierendes Flackern in der wabernden Luft zu erkennen, das er so noch nie bei einem Energiefeld der Zwillinge wahrgenommen hatte. Es musste eines der stärksten sein, die Paula und Petra je erzeugt hatten.

Dann ertönte plötzlich ein lautes Knacken. Funken stoben durch die Luft. Das Energiefeld, das die Zwillinge zwischen sich entstehen ließen, hatte einen Kurzschluss im elektronischen Schließmechanismus verursacht. Die Tür sprang mit einem Klicken auf. Sie waren drin!

Das schrille Heulen einer Sirene erschallte hinter Tür. Der Kurzschluss hatte offenbar einen Alarm ausgelöst. Petra ignorierte das Geräusch und riss die Tür auf. Aus der Dunkelheit dahinter schälte sich ein Umriss, der aussah wie ihr Spiegelbild. Petra und Paula blieben voreinander stehen, fassten sich an den Schultern und drückten kurz die Stirn aneinander. Dann lösten sie sich wieder.

»Wir müssen sie aufhalten«, sagte Paula.

Petra nickte. »Zeig uns den Weg.«

Sie hatten noch nie viele Worte benötigt, um einander zu verstehen.

Nick und Miles folgten den Zwillingen durch die Tür. Dahinter schwoll das Heulen der Sirene zu einem ohrenbetäubenden Lärm an.

»Wo ist Jack?«, brüllte Nick.

Doch Paula war bereits auf der Treppe und hörte ihn nicht mehr.

Hintereinander rannten sie nach unten. Je tiefer sie kamen, desto lauter wurde der Alarm, bis er schließlich jede Pore von Nicks Körper zu durchdringen schien. Er unterdrückte den Impuls, sich die Ohren zuzuhalten.

Er war so mit dem schmerzhaften Dröhnen seiner Trommelfelle beschäftigt, dass er beinahe das Ende der Treppe übersehen hätte. Miles und Petra standen wie erstarrt am Treppenabsatz, und als Nick schlitternd neben ihnen zum Stehen kam, sah er auch, warum. In der Mitte der kreisrunden Halle hatten Costa und Rudy Aufstellung bezogen und schienen nur auf sie zu warten. Rudy drehte Jack die Hände auf den Rücken und hielt ihm einen Revolver an den Kopf. Paula, die erst einige Meter hinter der Treppe zum Stehen gekommen war, blickte in den Lauf von Costas Waffe.

Die Sirene verstummte. Für einen Augenblick herrschte Totenstille, als müssten sich alle erst von dem Lärm erholen. Schließlich sagte Jack zerknirscht:»Sorry, Leute. Das war anders geplant.«

»Klappe halten!«, befahl Rudy und drückte die Waffe fester gegen Jacks Schläfe. Dann wandte er sich an Nick und die anderen.»Wie nett. Seid ihr gekommen, um euch die große Show anzusehen?«Er grinste spöttisch.»Perfektes Timing. Wir sind seit ein paar Minuten im System. Der Boss geht gleich auf Sendung. Und dann gehört die Welt uns.«Er deutete zum Gang, der in den Kontrollraum führte.»Alle da rein. Los! Und keinen Mucks, sonst knallen wir euch einen nach dem anderen ab.«

Mit vorgehaltener Waffe trieb Costa Nick, Miles und die Zwillinge auf die Glastür zu. Rudy folgte ihnen mit dem verdrossen dreinblickenden Jack. Als sich die Tür zur Seite schob und den Blick auf den dahinterliegenden Raum freigab, blieb Nick verblüfft stehen. Mit einer solch hochmodernen Anlage, die ihn entfernt an das Deck eines Raumschiffs erinnerte, hatte er nicht gerechnet. Nur die Fernsehsendungen, die gerade ohne Ton auf den verschiedenen Monitoren liefen, passten nicht so recht ins Bild. Auf dem größten Bildschirm in der Mitte war ein Schreibtisch vor einer weißen Wand zu sehen. Nick kannte die Kulisse. Der Schreibtisch war ein anderer und der Stuhl fehlte, ansonsten war es das gleiche Setting wie bei Leas Ansprache vor einem Jahr.

»Weitergehen«, raunzte Costa. »Nach links an die Wand.« Nick beeilte sich, der Aufforderung nachzukommen. Costa und Rudy förderten einige Stricke zutage und banden den Agenten die Hände auf dem Rücken zusammen. Dann befahl Rudy ihnen, sich auf den Boden zu setzen.

An einem der Computer saß Tom. Er tippte unermüdlich auf die Tastatur und hatte bei ihrem Eintreten kaum aufgesehen. Jetzt legte er den Finger auf das Headset an seinem rechten Ohr und sagte: »Nein, kein Problem, Boss. Wir haben bloß ein paar Zuschauer bekommen. Alles unter Kontrolle. Wir gehen live in t minus zwei Minuten.« Er gab einige Befehle in den Computer ein, stand auf und betätigte zwei oder drei Knöpfe auf einem der Schaltpulte. Immer mehr Bildschirme an der Wand zeigten nun unterschiedlichste Fernsehsendungen aus der ganzen Welt. Nur auf dem Monitor in der Mitte war nach wie vor der verwaiste Schreibtisch zu sehen.

»Noch dreißig Sekunden«, sagte Tom.

»Ihr könnt euch wirklich glücklich schätzen«, sagte Costa in Richtung der Junior-Agenten. »Ein paar Minuten später, und ihr hättet den Moment verpasst, in dem die Welt schlagartig eine andere wird. Was ihr gleich seht, wird auf sämtlichen Fernsehsendern der Welt übertragen.«

Tom legte erneut den Finger auf sein rechtes Ohr. »Wir sind so weit, Boss. ... Gut. Wir gehen live in drei – zwei – eins – go!«

Tom drückte einen großen grünen Knopf auf dem Schaltpult. Die Bildschirme flackerten kurz auf, und mit einem Mal zeigten sämtliche Monitore das Bild des leeren Schreibtischs. Nach einigen Sekunden erschien am rechten Bildrand eine Frau im Rollstuhl. Sie fuhr hinter den Schreibtisch, legte die Hände vor sich auf die Tischplatte und sah in die Kamera.

Nick hörte, wie Jack, Miles, Paula und Petra entsetzt die Luft einsogen. Sie hatten geahnt, was sie zu sehen bekommen würden. Trotzdem fiel es ihnen schwer, ihre Überraschung zu verbergen. Hinter dem Schreibtisch, genauso eloquent wie vor einem Jahr und mit dem gleichen unverbindlichen Lächeln, als würde sie gleich den Wetterbericht verlesen, saß Lea van Rouwen.

»Guten Tag.« Leas Stimme hallte durch das Halbdunkel des Kontrollraums. Das allein wäre schon schlimm genug gewesen, dachte Nick verzweifelt. Doch Costa zufolge drang sie zeitgleich aus sämtlichen Fernsehgeräten auf der ganzen Welt. Er zerrte an seinen Fesseln, aber es nützte nichts. Leas Bande besaß die Kontrolle über das Funksystem. Die Übertragung hatte begonnen. Sie waren zu spät.

»Ich nehme an, dass sich viele von Ihnen an mich erinnern«, fuhr Lea fort. »Sie haben mich für tot gehalten. Verbrannt in meinem Haus. Gescheitert an meinen Plänen. Aber Sie irren sich.

Sie haben mich für verrückt gehalten. Für größenwahnsinnig. Für eine gescheiterte Irre, die unter dem Deckmantel des Wunsches nach einer besseren Welt ein unersättliches Streben nach Macht verbirgt. Aber Sie irren sich schon wieder.

Pläne scheitern. Rückschläge gehören dazu, wenn man etwas wirklich Großes erschaffen will. Wichtig ist es, nicht aufzugeben. Wichtig ist es, aus seinen Fehlern zu lernen. Ich habe meinen Plan unermüdlich weiterverfolgt, denn ich glaube an das, wofür ich kämpfe: eine Welt ohne Ausgrenzung und Ausbeutung, ohne Kriege und Korruption, ohne Hunger und Armut. Doch diese Welt wird es nicht geben, solange Menschen an der Macht sind, denen es nur darum geht, sich selbst zu bereichern; solange Menschen über andere bestimmen, weil sie sich als stärker, überlegener oder moralisch im Recht sehen; solange Menschen nach Herkunft, Hautfarbe oder Religion beurteilt werden.

Ich bin nicht länger gewillt, tatenlos dabei zuzusehen. Ich werde die Welt zu einem besseren, friedlicheren, gerechteren Ort machen. Was klingt wie eine Utopie, ist zum Greifen nah. Natürlich werden viele mit einer Änderung der Weltordnung nicht einverstanden sein. Und genauso viele werden mit meinen Methoden nicht einverstanden sein. Aber ich versichere Ihnen, dass es nur auf diese Weise möglich ist. Ich werde die Menschheit zu ihrem Glück zwingen, und am Ende wird sie mir dafür dankbar sein.

Bestimmt haben Sie die außergewöhnlichen Ereignisse mitverfolgt, die sich in den letzten Tagen und Wochen in Kalifornien ereignet haben. Und bestimmt haben Sie auch noch meine jüngste Aktion vor Augen, deren Bilder um die ganze Welt gingen: Ein idyllisches kleines Städtchen, das sich in ein gigantisches Wachsfigurenkabinett verwandelt hat, die Bewohner auf rätselhafte Weise paralysiert, erstarrt zu lebenden, aber vollkommen leeren Hüllen.

Ich bin im Besitz einer einzigartigen Technologie, die es mir erlaubt, die gesamte Weltbevölkerung in solch eine Starre zu versetzen oder sie auf eine mir beliebige andere Art zu manipulieren. Wenn Sie meine Forderungen nicht innerhalb der nächsten vierundzwanzig Stunden erfüllen, werde ich genau das tun. Ich werde sämtliche Menschen in willenlose Puppen verwandeln, werde ihnen die Fähigkeit rauben, zu essen oder zu trinken, sodass sie schon nach wenigen Tagen verhungern oder verdursten oder wilden Tieren zum Opfer fallen. Die Welt wird im wahrsten Sinne des Wortes menschenleer. Und die Natur bekommt endlich Gelegenheit, sich vom Raubbau und Egoismus des angeblich so intelligenten Homo sapiens zu erholen.

Ich versichere Ihnen, diese Variante ist nicht meine Lieblingslösung. Aber wenn Sie meinen Forderungen nicht nachkommen, werde ich keine Sekunde zögern, sie in die Tat umzusetzen. Und diese Forderungen lauten wie folgt.«

Nick hörte nur noch mit einem Ohr zu und ließ den Blick durch den Kontrollraum schweifen. Er wusste bereits, was folgen würde. Während Lea genau wie vor einem Jahr den sofortigen Rücktritt sämtlicher Regierungschefs und die Anerkennung ihrer selbst als Alleinherrscherin der Welt forderte, suchte er nach einer Möglichkeit, diesen ganzen Irrsinn doch noch zu stoppen. Lea durfte nicht damit durchkommen. Er wusste, wie skrupellos sie war. Er hatte damals eigenhändig den Satelliten ins All gelenkt und die Katastrophe in letzter Sekunde verhindert, die ansonsten unweigerlich die Zerstörung der Erdoberfläche bedeutet hätte. Lea sprach keine leeren Drohungen aus. Lea machte Ernst!

Doch zu seinem Leidwesen musste er feststellen, dass die Situation aussichtslos war. Während Tom die Technik im Auge behielt, hatten Rudy und Costa nach wie vor ihre Waffen im Anschlag und achteten wie die Schießhunde darauf, dass die Agenten sich nicht bewegten. Verdammt, verdammt, verdammt! Es musste doch irgendeinen Weg geben, sie aufzuhalten. Das Schicksal der gesamten Menschheit hing davon ab!

Als Nick noch einmal erfolglos an seinen Fesseln zerrte, sah Rudy mit einem höhnischen Grinsen auf ihn herab. Dieser Blick war es, der etwas in Nick zum Explodieren brachte. Seine ganze Wut und Verzweiflung richteten sich auf diesen überheblichen, siegessicheren Blick, den er seinem Besitzer am liebsten aus dem Gesicht geschlagen hätte. Rudy schien zu bemerken, was in Nick vorging. Sein Grinsen wurde noch breiter, aber es mischte sich auch ein Funken Wachsamkeit darunter. Er richtete seinen Revolver auf Nick und entsicherte ihn mit einem leisen Klicken. Als Nick in den Lauf der Waffe sah, merkte er, wie sein Körper Adrenalin durch seine Adern pumpte. Sein Herzschlag beschleunigte sich. In seinen Ohren rauschte es. Doch der *Sprung*, den er sich so sehnlich herbeiwünschte, kam nicht. Nick wollte schreien, toben, stampfen, kreischen wie ein kleines Kind. Aber was würde ihm das schon bringen – außer dass er sich lächerlich machte? Wütend biss er die Zähne zusammen und versuchte, seinen Puls wieder unter Kontrolle zu bringen.

Miles, der links neben ihm saß, beugte sich zu ihm herüber. »Mein Taschenmesser steckt in der rechten Hosentasche«, raunte er ihm zu. »Mach sie fertig, Kumpel.«

Nick wandte sich erstaunt zu ihm um. Noch ehe er reagieren konnte, schnellte Miles nach vorn und prallte mit voller Wucht gegen Nicks Kopf. Es fühlte sich an, als schlüge ein Blitz hinter seiner Stirn ein. Nick keuchte auf vor Schmerz, und für einen kurzen Moment sah er Sternchen vor den Augen. Er atmete ein paar Mal tief ein und aus, bis der Schmerz zu einem dumpfen Pochen geworden war. Nachdem er wieder klar sehen und seine Umgebung wahrnehmen konnte, verwandelte sich seine Wut auf Miles schlagartig in Dankbarkeit. Die Geräusche waren verstummt. Die Bilder von Lea auf den unzähligen Monitoren glichen einem Standbild, und Rudys Grinsen wirkte wie eingefroren. Miles musste gespürt haben, was in Nick vor sich ging, und hatte perfekt reagiert. Er hatte Nick Schmerz zugefügt. Und Nick war *gesprungen*.

Nick drehte sich so, dass er mit den Händen an Miles' rechte Tasche herankam. Es kostete ihn einige Mühe, doch am Ende hielt er das kleine Klappmesser zwischen den Fingern, zog es heraus und ließ es aufschnappen. Hektisch begann er, sich die Fesseln durchzuschneiden. Ein greller Schmerz flammte in seiner linken Hand auf, als er mit der Messerspitze abrutschte und sich in die Handfläche stach. Seine Bewegungen wurden immer fahriger. Er musste sich befreien, bevor der *Sprung* vorbei war. Das war seine einzige Chance!

Am Ende wusste er nicht genau, wie er es angestellt hatte, aber nach gefühlten Minuten, in denen er an dem Strick gesäbelt und gerissen hatte, löste er sich endlich so weit, dass er ihn abstreifen konnte. Hastig wandte er sich den anderen

Agenten zu und schnitt ihre Fesseln ebenfalls durch. Er sah sich hektisch um. Er spürte, dass ihm nicht mehr viel Zeit blieb. Der *Sprung* würde bald enden. Und wenn er Rudy und Costa dann immer noch unbewaffnet gegenüberstand, hatte er rein gar nichts gewonnen. Den beiden die Waffen abzunehmen, würde zu lange dauern. Sein Blick fiel auf Toms Revolver, den er neben sich auf den Tisch gelegt hatte. Rasch lief er an Rudy vorbei, der seine Waffe nach wie vor auf die Stelle richtete, an der Nick kurz zuvor gesessen hatte. Ihm würde sein selbstgefälliges Grinsen bald vergehen, dachte Nick grimmig und nahm Toms Waffe an sich. Als Nächstes musste er die Übertragung abbrechen. Aber wie? Hilflos betrachtete er die Regler und Knöpfe auf den Schaltpulten. Die Anlage war unfassbar komplex. Woher sollte er wissen, wie er vorgehen musste? Da fiel sein Blick auf einen großen roten Schalter, der sich ganz am Rand einer Konsole befand und so gar nicht zu den übrigen hochmodernen Bedienfeldern passte. Kurz entschlossen lief er los und schlug darauf. Dann hastete er zurück zu Costa, der ihm am nächsten stand, hielt ihm die Waffe an die Schläfe und atmete tief durch. Im gleichen Moment wurde alles schwarz.

Zeitgleich mit dem Verlöschen der Lichter erwachten die Geräusche wieder zum Leben. Der *Sprung* war vorbei. Und Nicks Plan war aufgegangen: Der rote Not-Ausschalter hatte schlagartig sämtlichen Geräten und anderen Lichtquellen im Raum den Strom abgedreht. In der pechschwarzen Dunkelheit um ihn herum entstand Verwirrung, die schnell in ein hektisches Chaos überging. Überraschte Aufschreie, lautes Fluchen und abgehackte Kommandos hallten durch den Raum. Schritte stolperten durch die Gegend, ein dumpfer Schlag, dann ein Poltern wie von einem umgestürzten Stuhl.

Nick legte einen Arm um Costas Oberkörper, presste ihm den Revolver an die Schläfe und zischte: »Waffe fallen lassen!« Costa zuckte erschrocken zusammen und versteifte sich. Er versuchte kurz, sich zu wehren, doch als Nick seinen Griff verstärkte und den Kameramann damit vollkommen bewegungsunfähig machte, sah er ein, dass er keine Chance hatte. Nick hörte, wie die Waffe klappernd zu Boden fiel.

Er wusste nicht, wie lange es dauerte, bis das Licht wieder anging. Vermutlich waren nicht mehr als fünf oder sechs

Sekunden vergangen, doch die Verhältnisse im Kontrollraum hatten sich in der Zeit grundlegend verändert.

Miles hatte am schnellsten reagiert. Er lehnte lässig neben Tom am Tisch, der ihn mit großen Augen anstarrte. »Hi«, sagte er lächelnd und setzte dann mit einem ruckartigen Tritt Toms Drehstuhl in Bewegung. Erst jetzt fiel Nick auf, dass Miles ein Kabel in der Hand hielt, das er zuvor an der Lehne befestigt haben musste. Durch die Drehung wickelte sich das Kabel mehrmals um die Arme des völlig verdatterten Tom und fesselte ihn so wie ein fest verschnürtes Päckchen an den Stuhl.

Rudy blickte zu seiner Überraschung in das grimmige Gesicht von Jack. Obwohl ihm bewusst sein musste, dass sich das Blatt gerade rapide zu seinen Ungunsten wendete, klammerte sich der Aufnahmeleiter an einen letzten Strohhalm. Er hob die Waffe und zielte genau zwischen Jacks Augen. Nick war sicher, dass er keinen Augenblick zögern würde zu schießen. Doch dazu sollte es nicht kommen.

In einer raschen, vollkommen synchronen Bewegung traten Petra und Paula, die links und rechts von Jack gestanden hatten, drei Schritte vor, wandten sich einander zu und hoben einen Arm. Sofort begann die Luft zwischen ihnen zu flimmern, und Rudy, der genau in der Mitte ihres Kraftfelds stand, hing darin fest wie eine Fliege in einem Spinnennetz. Sein ganzer Körper zitterte und vibrierte, und er war nicht in der Lage, auch nur einen Muskel zu rühren.

Jack trat wie beiläufig einen Schritt zur Seite, sodass der Lauf der Waffe nicht mehr auf ihn, sondern auf die nackte

Wand zielte. Dann beugte er sich so nah wie möglich zu Rudy, ohne selbst von dem Kraftfeld erfasst zu werden. Mit interessiert zur Seite geneigtem Kopf betrachtete er Rudys weit aufgerissene Augen, denen man die Verwirrung ansah und den Frust über den vergeblichen Versuch, gegen die unsichtbaren Fesseln anzukommen.

Petras und Paulas Blicke trafen sich. Sie nickten sich zu, als hätten sie eine stumme Vereinbarung getroffen, und ließen ihre Arme ein Stück zur Seite wandern. Das Kraftfeld wanderte mit, genau so weit, dass sich die Waffe in Rudys ausgestreckter Hand außerhalb der flimmernden Luft befand. Jack sah Paula mit hochgezogenen Augenbrauen an. Sie erwiderte seinen Blick und nickte. Jack lächelte und beobachtete noch eine Weile voller Genugtuung, wie Rudy gegen das Kraftfeld ankämpfte. Jack konnte förmlich spüren, wie in dem Aufnahmeleiter die bittere Erkenntnis aufstieg, dass die Welt, die er vor ein paar Minuten zu erobern geglaubt hatte, plötzlich eine ganz andere Zukunft für ihn bereithielt.

Jack beschloss, ihn zu erlösen. Ohne das Kraftfeld zu berühren, löste er Rudys Finger vom Griff der Waffe und nahm sie ihm ab. Dann öffnete er das Magazin, woraufhin die Patronenhülsen klirrend zu Boden fielen. Den Revolver steckte er sich in den Hosenbund.

Die Zwillinge ließen die Arme sinken. Das Flimmern verschwand und mit ihm das Kraftfeld. Noch bevor Rudys Beine nachgeben und er entkräftet zu Boden sinken konnte, packte Jack ihn am Kragen und verpasste ihm einen rechten

Haken, der Rudy einige Schritte nach hinten taumeln ließ. »Für Paula«, knurrte Jack, verzog das Gesicht und schüttelte seine schmerzende Hand.

Es war vorbei. Nick steckte die Waffe weg und sah sich im Kontrollraum um. Rudy und Costa ließen sich widerstandslos von den Zwillingen die Hände zusammenbinden. Miles schob den Stuhl mit dem gefesselten Tom zu den beiden in eine Ecke. Auf der großen Monitorwand lief wieder ein bunt gemischtes Programm an Fernsehsendungen. Der leere Raum mit Lea am Schreibtisch war auf keinem einzigen der Bildschirme mehr zu sehen. Offenbar war durch den Stromausfall die Übertragung abgebrochen worden.

Miles und Jack klatschten sich ab. »Lange nicht gesehen, Kumpel«, sagte Miles.

»Allerdings«, erwiderte Jack und legte einen Arm um Paulas Schulter. »Kaum sind wir keine Partner mehr, kriegst du die megageheimen Projekte.«

»Und du die hübschen Frauen«, entgegnete Miles mit einem vielsagenden Blick zu Paula.

»Eure Wiedersehensfreude in allen Ehren, aber könnten wir erst mal überlegen, was wir jetzt mit denen machen?«, warf Petra ein und deutete zu den drei Gefangenen.

Paula und Jack sahen sich an und grinsten. »Wir hätten da eine Idee«, erwiderte Jack. »Kommt mal mit.«

Miles schlug die Gittertür hinter Rudy, Costa und Tom zu und programmierte das Zahlenschloss neu. Die richtige Kombination hatte sich – nach vier Stunden unermüdlichen Ausprobierens von Dave und Paula – als 5-3-9-8-2 herausgestellt. Die neue Kombination kannte jetzt nur noch Miles, und der würde sie erst herausrücken, wenn die Verstärkung der CIA hier auftauchte und dafür sorgte, dass die drei für sehr, sehr lange Zeit in eine offizielle Gefängniszelle umzogen.

Dann reichte Jack Miles den Schlüssel für das Vorhängeschloss, den er zuvor aus Rudys Hosentasche gefischt hatte. Miles öffnete die zweite Zelle, deren Tür mit einem rostigen Quietschen aufschwang. Die drei Mitarbeiter atmeten erleichtert auf und traten nach draußen.

»Danke, Boss«, sagte Dave.

»Hör bloß auf«, erwiderte Miles und winkte ab. »Du weißt ganz genau, dass du mich nicht so nennen sollst.«

»Würde jemand so freundlich sein und uns erklären, was hier vor sich geht?«, fragte die Frau spitz. Sie sah den CIA-Agenten aus zusammengekniffenen Augen an und war eindeutig nicht zum Spaßen aufgelegt.

»Och, wir haben nur mal kurz die Welt gerettet«, erwiderte Miles betont ungezwungen. »Trotzdem sollten wir *Ralph* so schnell wie möglich wieder unter Kontrolle bringen, um weiteren Schaden zu verhindern.«

»Und wir müssen herausfinden, was mit Lea passiert ist«, warf Nick ein. »Sie darf uns nicht entwischen.«

Ein heiseres Lachen ertönte aus der verschlossenen Zelle. »Den Boss erwischt ihr nie«, sagte Rudy. »Dafür ist sie viel zu gerissen.«

»Abwarten«, erwiderte Nick nur, ohne sich nach Rudy umzusehen. »Abwarten.«

Kurze Zeit später hatten sich alle wieder vor den Monitoren im Kontrollraum versammelt. Nick sah Dave über die Schulter, der eifrig auf die Tastatur eines Computers eintippte, doch mit den Zeichenfolgen, die über den Bildschirm rasten, konnte er nicht viel anfangen. Neben ihm knisterte es. Miles hatte eine Tüte Lakritz geöffnet und griff beherzt hinein. Als er seinen Blick bemerkte, bot er ihm welche an. Nick lehnte schaudernd ab.

»Wie sieht's aus, Dave?«, fragte Miles. »Kannst du schon was sagen?«

»Gib mir noch 'ne Minute«, murmelte der IT-Spezialist. »Ich hab's gleich.«

Sie schwiegen und starrten vor sich hin. Eine ganze Zeit lang war nur das Klackern der Tastatur und das Rascheln von Miles' Lakritztüte zu hören. »Wo ist eigentlich Carol?«, fragte Paula in die Stille hinein.

»Sie …«, sagte Petra und schluckte schwer, »sie hat einen Anruf bekommen und liegt auf der Intensivstation.«

Paula schlug entsetzt die Hand vor den Mund, und Jack fluchte halblaut. Nick biss sich auf die Lippe und versuchte, die Verzweiflung niederzukämpfen, die erneut von ihm Besitz zu ergreifen drohte. Sie hatten zwar Leas Plan vereitelt, aber wie würde es jetzt mit denen weitergehen, die sie mit ihrer Technologie bereits paralysiert hatte? Würden sie eine Möglichkeit finden, Carol und die anderen Erstarrten zu retten?

»Mannomann«, sagte Dave in diesem Moment und lehnte sich zurück. »Ich hab ja schon viel gesehen in meinem Leben, aber diese Software ist der absolute Knaller. Da waren echte Profis am Werk.«

»Weißt du, wie sie funktioniert?«, fragte Miles.

Dave rollte mit dem Stuhl zu Miles, bediente sich aus der Lakritztüte und rollte wieder zu seinem Platz zurück. »Klar«, antwortete er mit vollem Mund. »Ist quasi selbsterklärend.«

»Kannst du sicherstellen, dass keine Verbindung von unserer Anlage zu einem externen Gerät besteht?«, fragte Miles.

»Ja, keinerlei. Ist alles während des Stromausfalls zusammengebrochen. Was übrigens nur passieren konnte, weil unser Notstromaggregat heillos veraltet ist. Hab ich dich letztens schon drauf hingewiesen«, fügte Dave hinzu.

»Können wir uns bei der Gelegenheit mal über die Sicherheitsvorkehrungen im Allgemeinen unterhalten? Die Anlage wurde uns als vollkommen einbruchsicher verkauft.

Und jetzt so was. Tote Winkel, geknackte Sicherheitsschlösser. Und die verdammten Kapseln verursachen Kopfschmerzen, als würde einem gleich der Schädel platzen.«

»Ich gebe zu, da ist noch gewaltig Luft nach oben«, wandte Miles ein. »Andererseits hat der veraltete Notstrom-Generator vermutlich der gesamten Welt den Arsch gerettet. Wäre er sofort angesprungen, hätte das System die kurze Zeitspanne ohne Strom überbrücken können und die Übertragung wäre einfach weitergelaufen.«

Nick trat ungeduldig von einem Bein auf das andere. Die Feinheiten unterschiedlicher Notstrom-Generatoren interessierten ihn herzlich wenig. »Kannst du uns den Raum zeigen, von dem aus Lea gesprochen hat?«, fragte er.

»Moment«, sagte Dave und tippte ein paar Befehle in den Computer. Kurz darauf erschien das Zimmer mit dem Schreibtisch auf dem großen Monitor. Es war leer.

»Verdammter Mist«, stieß Paula fluchend aus. »Sie ist abgehauen.«

»Da wäre ich mir nicht so sicher«, erwiderte Nick. Dann wandte er sich um und verließ ohne ein weiteres Wort den Kontrollraum. Er hielt es keine Minute länger in diesem unterirdischen Bunker aus. Er stieg die Treppe zum Hangar hinauf, trat kurz darauf ins Freie und ging gedankenverloren in Richtung Haupteingang. Dort setzte er sich auf eine verwitterte Bank und wartete auf die Verstärkung, die sie über das Funksystem der Anlage angefordert hatten. Sein Blick fiel auf die Parabolantennen – diese Wunderwerke der Technik, die zu einer Bedrohung für die gesamte Menschheit geworden waren. Er fragte sich, wie oft es noch geschehen würde, dass technische Errungenschaften für persönliche Ziele missbraucht wurden. Wie viele Menschen würde es noch geben, die ihren Machthunger rücksichtslos auslebten und sich auf Kosten anderer bereicherten? Und wie viel Sinn hatte es, einen Verbrecher hinter Gitter zu bringen, wenn an seiner Stelle sofort ein neuer erschien? Er schaute in die einsame Wüste vor den Toren des Stützpunkts hinaus und dachte an Carol. Er konnte förmlich hören, wie sie seinen aufkeimenden Zweifeln widersprach: »Es lohnt sich immer, für Freiheit und Gerechtigkeit zu kämpfen, ganz egal, wie mühsam dieser Kampf ist. Wir können den Bösen doch nicht kampflos das Feld überlassen.«

Er wünschte, dass er ihre Empörung und Entschlossenheit nicht nur in seinem Kopf, sondern ganz real hören könnte. Denn sie hatte recht. Er durfte nicht den Anspruch haben, allen auf einmal das Handwerk zu legen. Jeder Verbrecher weniger war ein Schritt in die richtige Richtung. Und er hoffte inständig, dass Faber Wort gehalten hatte und mit Lea van Rouwen den Anfang machte.

42

Das leise Rauschen der Großstadt wurde vom Zwitschern der Vögel übertönt, die einen goldenen Herbst ankündeten. Letzte Tautropfen glitzerten auf dem Rasen. Es versprach ein herrlicher Tag zu werden.

Um genau 0920 Uhr knackte es im Headset des Einsatzleiters. »Zugriff!« Er gab seinen Männern das vereinbarte Zeichen. Kurz darauf glitten etwa zwei Dutzend vermummte schwarze Gestalten wie eine lautlose Woge auf eine schicke Villa in den Hollywood Hills zu. Wie beiläufig überwältigten sie die Wachen am Tor, überwanden mühelos die Mauer, die das Anwesen umgab, gingen hinter dichten Büschen in Deckung und umstellten unauffällig das prachtvolle Haus. Auf einen leisen Befehl hin huschten sie zu den drei Eingängen der Villa, öffneten die Türen mit kleinen, gezielt eingesetzten Sprengungen und verschwanden in der Dunkelheit dahinter.

Wenige Minuten später erschienen sie wieder. In ihrer Mitte befand sich eine schwarzhaarige Frau im Rollstuhl. Sie hatte die mit Handschellen gefesselten Hände in den Schoß gelegt und hielt den Kopf hocherhoben. Einem genauen Beobachter wäre vielleicht aufgefallen, dass in ihrem Blick ein

Hauch von Trotz lag. Doch es gab niemanden, der sie beobachtete.

Das Tor am Ende der Auffahrt schwang auf. Eine gepanzerte Limousine fuhr hindurch und hielt vor dem Haus, gefolgt von mehreren Geländewagen. Zwei Männer hoben die Frau hoch, setzten sie auf die Rückbank des gepanzerten Fahrzeugs und stiegen zu ihr in den Wagen. Die übrigen Gestalten verteilten sich auf die SUVs. Die Wagenkolonne setzte sich in Bewegung, fuhr vom Grundstück und war kurz darauf hinter einer Biegung verschwunden. Stille senkte sich über die Hollywood Hills. Niemandem in der Nachbarschaft war etwas aufgefallen.

Der Einsatzleiter nickte zufrieden. Rasch, unaufgeregt

und ohne großes Aufsehen. Echte Profis eben.

EPILOG

»Ist es wirklich in Ordnung, wenn du hierbleibst?«, fragte er.

Carol nickte. »Sie hat ausdrücklich gesagt, dass sie nur mit dir sprechen will. Ich warte solange im Auto.«

»Okay. Bis später.« Er öffnete die Beifahrertür.

»Nick?«, rief Carol von der Rückbank.

Er wandte sich noch einmal um. »Ja?«

»Pass auf dich auf.«

Er erwiderte ihren Blick einige Sekunden lang und lächelte zur Bestätigung. Dann stieg er aus. Die CIA hatte ihnen für die Fahrt zu dem Hochsicherheitsgefängnis einen Wagen samt Fahrer zur Verfügung gestellt. Anders hätten sie das von der Außenwelt abgeschottete, mitten im Nirgendwo gelegene Gelände kaum erreichen können.

Nick ging über den Parkplatz auf den Eingang des großen, nüchternen Betonbaus zu. Nach mehreren Sicherheitskontrollen, bei denen er seinen Pass sowie die Besuchserlaubnis vorzeigen musste, die ihm der CIA-Chef höchstpersönlich ausgestellt hatte, führte ein Wachmann ihn durch einen Innenhof in ein zweites, kleineres Gebäude. Sie gingen einen langen, hell erleuchteten Gang entlang, an dessen

Ende der Mann eine Tür öffnete, hinter der ein unscheinbarer, leerer Raum zum Vorschein kam. Er war in der Mitte durch eine dicke Glasscheibe getrennt, die vom Boden bis zur Decke reichte.

»Warte hier«, sagte der Wachmann und verschwand.

Nick sah sich um; viel gab es jedoch nicht zu sehen. Gräuliches Licht drang durch die vergitterten Fenster und verbreitete eine triste Atmosphäre; die kahlen, ehemals weißen Wände hätten dringend mal wieder einen Anstrich benötigt, und der abgewetzte Linoleumboden war mit den Jahren stumpf und wellig geworden. Über der Tür war eine Kamera installiert, deren rotes Licht in regelmäßigen Abständen aufleuchtete, genau wie über der Tür, die sich auf der anderen Seite der Scheibe befand.

Nick wusste nicht genau, was er erwartet hatte, aber ein Hochsicherheitsgefängnis, in dem nur die schlimmsten aller Schwerverbrecher untergebracht waren, hatte er sich irgendwie spektakulärer und deutlich weniger schäbig vorgestellt. Die Aussicht, dass er in einer ähnlichen Einrichtung sitzen würde, wenn Lea mit dem fingierten Mord an Clifford Erfolg gehabt hätte, ließ ihn schaudern. Zum Glück hatte der Schauspieler die Vergiftung ohne bleibende Schäden überstanden.

»Ich finde ja immer noch, dass es eine bescheuerte Idee war, hierherzukommen.«

»Das haben wir doch alles schon x-mal durchgekaut, Bruno.« Nick sprach leise und drehte sich so, dass sein Gesicht vor der Kamera verborgen war. Er wollte ungern auf

Band aufgezeichnet werden, während er scheinbar Selbstgespräche führte.

»Sie ist verurteilt worden«, wandte Bruno unbeirrt ein. »Drei Mal lebenslänglich für organisierte Kriminalität, Bildung einer terroristischen Vereinigung und Steuerhinterziehung. Die sitzt für den Rest ihres Lebens im Gefängnis. Punkt. Was solltet ihr noch groß zu besprechen haben? Außer dass sie dir die Pest an den Hals wünscht, natürlich?«

»Es geht nicht nur darum, was *sie* will, Bruno. Es geht hier um *mich*. Ich muss sie sehen, hier drin, hinter Gittern. Ich muss wissen, dass sie diesen Ort nie wieder verlassen wird.«

»Trotzdem. Sie wird sich an dir rächen wollen. Sie wird irgendeinen Weg finden, um dir wehzutun – dich beschimpfen, verfluchen, was weiß ich. Du hättest dir ein Foto von ihr in Sträflingskleidung zeigen lassen können und fertig.«

»Ich finde es ja wirklich süß, dass du dir solche Sorgen um mich machst, aber ich pass schon auf mich auf.«

»Süß, ha! Ich mag dich auch, Nick, wirklich. Aber wenn du nichts dagegen hast, würde ich unsere Beziehung gerne auf rein platonischer Ebene belassen.«

Bevor Nick etwas erwidern konnte, öffnete sich die Tür auf der anderen Seite der Glasscheibe. Ein Wachmann betrat den Raum, gefolgt von einer Frau im Rollstuhl. Als Lea van Rouwen Nick erblickte, hellte sich ihr Gesicht auf, als würde sie sich ehrlich freuen, ihn zu sehen. Sie gab dem zweiten Wachmann, der sie geschoben hatte, ein Zeichen, dass sie den Rest allein schaffte, und manövrierte den Rollstuhl an die Glasscheibe direkt vor Nick. Einer der Männer ging hinaus und schloss die Tür hinter sich. Der zweite blieb mit verschränkten Armen neben dem Eingang stehen.

»Hallo, Nick. Schön, dass du da bist.«

Er wusste nicht, was er darauf erwidern sollte, und musterte Lea mit unbewegter Miene. Sie sah anders aus, als er erwartet hatte. Er hatte sie sich in einem orangefarbenen Overall vorgestellt, mit Handschellen an Händen und Füßen, blass und ausgemergelt. Tatsächlich trug sie dezente grau-weiße Gefängniskleidung, war nicht gefesselt und machte einen recht entspannten, beinahe zufriedenen Eindruck.

»Wie geht es dir?«, fragte sie lächelnd.

»Gut«, erwiderte Nick und schob herausfordernd das Kinn vor. »Wenn ich keine Lust mehr auf das Gespräch habe, stehe ich auf und spaziere einfach hier raus. Ein Luxus, den Sie nie wieder haben werden.«

Lea lachte auf. »Deswegen bist du also gekommen. Du willst meine Niederlage auskosten. Weißt du was: Du hast es dir verdient. Ich habe es vermasselt. Ich habe mich zu sicher gefühlt. Es war zweifellos auch eine Menge Glück dabei, aber ich will die Leistung von dir und deinen Freunden nicht kleinreden. Ihr habt mich geschlagen. Zum zweiten Mal.«

Nick überging den letzten Kommentar. »Eine Sache würde ich gerne wissen. Glauben Sie eigentlich wirklich an das, was Sie allen erzählen?«

Lea sah ihn verwirrt an. »Ich verstehe nicht, was du meinst.«

»Den Quatsch mit der besseren Welt, die Sie erschaffen wollen.«

»Natürlich glaube ich daran«, erwiderte Lea traurig. »Durch mich würde die Welt zu einem lebenswerteren, gerechteren Ort werden. Für alle.«

»So ein Schwachsinn. Sie wollen die Welt beherrschen, sonst nichts.«

»Man muss Macht haben, um Gutes tun zu können, und man muss oft Böses tun, um Macht zu bekommen. Das eine scheint ohne das andere nicht zu funktionieren. Aber ich versichere dir, dass ich mich vollkommen in den Dienst der Sache gestellt hätte.«

»Sie würden einen totalitären Erdstaat ausrufen, in dem einzig und allein Sie das Sagen hätten. Sie würden den Menschen befehlen, sich gemeinsam für das Wohl der Erde einzusetzen. Mit dem kleinen Schönheitsfehler, dass Sie jeden aus dem Weg räumen, der sich Ihnen widersetzt oder nicht Ihrer Meinung ist.«

»Selbstverständlich. Aber überleg doch mal, wie viel Gutes auf diese Weise geschaffen werden könnte. Es würde alles für ein höheres, wichtigeres Ziel geschehen.«

»Es ist niemals in Ordnung, Meinungen zu verbieten und Menschen zu unterdrücken! Ganz egal, auf welcher Seite man steht und wofür man kämpft. Ihre Absicht in allen Ehren, aber der Weg dahin ist falsch.«

»Ach, Nick.« Lea seufzte. »Glaubst du wirklich, dass die Menschheit ihre Probleme auf einem anderen Weg bewältigen kann? Ohne dass man sie dazu zwingt?«

Nick schwieg. »Ich weiß es nicht«, sagte er schließlich. »Aber es ist sicher nicht so aussichtslos, wie Sie es darstellen. Es tut sich etwas. Die Menschen gehen auf die Straße, demonstrieren für Klimaschutz, Grundrechte, Gleichberechtigung …«

»Aber es geht nicht schnell genug, Nick. So viel Zeit hat die Erde nicht mehr.«

Darauf wusste Nick keine Antwort. Schweigend sah er durch die Gitterstäbe in den grauen Himmel hinaus.

»Wie geht es deinen Freunden? Carol und Michael?«, fragte Lea in die Stille hinein.

Nick musterte Lea argwöhnisch. In ihrem Blick lag nichts Missgünstiges oder Schadenfrohes, sondern aufrichtiges Interesse. »Gut. Es wurde ein zweites Funksignal ausgelöst, das alle Betroffenen aus der Starre befreit hat. Scheint so, als hätten Sie sich in dieser Hinsicht überschätzt. Ihre Technologie ist doch nicht so komplex, dass nur Sie wissen, wie man sie anwendet.« Tatsächlich hatte es zwei Wochen gedauert, bis die Experten von CIA und BND durchschaut hatten, wie die Funksignale programmiert werden mussten. Die Männer von Leas mobilem Team, die ebenfalls verhaftet worden waren, hatten sich wenig kooperativ gezeigt, und weitere Hintermänner und Programmierer konnten nicht mehr ausfindig gemacht werden. Nachdem Carol »aufgewacht« war, hatte sie sich noch ein paar Tage lang zittrig und verwirrt gefühlt, sie hatte sich in der Zwischenzeit aber vollständig erholt. Mit Michael hatte Nick keinen direkten Kontakt aufgenommen, er wusste jedoch, dass er ebenfalls alles ohne bleibende Schäden überstanden hatte. Er hatte sich vorgenommen, Michael mal wieder zu besuchen, wenn er ein bisschen Zeit hatte. Aber die Vorstellung, mit ihm wie früher zusammen auf dem Bett zu sitzen und sich über Comicbücher und Videospiele zu unterhalten, erschien ihm geradezu surreal, wie aus einem anderen Leben, das er schon lange hinter sich gelassen hatte.

»Ja, vielleicht habe ich mich diesbezüglich etwas zu weit aus dem Fenster gelehnt«, warf Lea ein. »Vielleicht habe ich aber auch nur geblufft, um dich ein bisschen mehr unter Druck zu setzen«, fügte sie mit einem Zwinkern hinzu. »Und was haben sie jetzt damit vor?«

»Mit der Technologie?«, fragte Nick. »Zuerst wollen sie sichergehen, dass niemand unter Langzeitschäden leidet, der von den Manipulationen betroffen war. Dann werden sie sämtliche Komponenten zerstören.«

Lea lachte laut auf. »Ach, Nick. Wie naiv du bist! Hast du noch nicht genug von der Welt gesehen? Glaubst du immer noch an das Gute im Menschen? Überleg mal, welche Chancen diese Technologie bietet. Bist du wirklich der Meinung, dass irgendein Geheimdienst auf die Möglichkeit verzichten würde, Menschen zu manipulieren?«

Leas Lachen verfolgte Nick noch lange, nachdem er das Besuchszimmer verlassen hatte, hallte durch die Flure und Zellen der Anstalt und verstummte erst, als er durch den Ausgang nach draußen trat. Graue Wolken hingen schwer und bleiern am Himmel, und es hatte zu regnen begonnen.

Nick zog sich die Kapuze seines Parkas auf und ging über den Parkplatz auf das einsame schwarze Auto zu, in dem Carol auf ihn wartete.

Zuerst hatte er sich maßlos über Leas Worte geärgert. Er war sich vorgekommen wie ein kleiner, dummer Junge, der von nichts eine Ahnung hatte. Doch je weiter er sich von dem Ort entfernte, an dem Lea van Rouwen den Rest ihres Lebens verbringen würde, desto mehr wich dieser Ärger einer Erkenntnis, die ihm schließlich ein entschlossenes Lächeln entlockte. Er hatte bereits eine Menge gesehen in seinem Leben, hatte Korruption, Neid, Missgunst, Habgier und Machtstreben erlebt. Aber er hatte auch die andere Seite kennengelernt, hatte erfahren, wie hilfsbereit, selbstlos und aufrichtig viele Menschen waren.

Lea hatte recht. Er glaubte an das Gute im Menschen. Und dass es sich lohnte, dafür zu kämpfen.